FRANCHISAR O SEU NEGÓCIO
UM GUIA PRÁTICO DE FRANCHISING

TÍTULO:
Franchisar o Seu Negócio: Um Guia Prático de Franchising

Copyright © Teresa Macedo Dias e Conjuntura Actual Editora, 2019.

AUTOR
Teresa Macedo Dias

Direitos reservados para Portugal por

CONJUNTURA ACTUAL EDITORA
Sede: Rua Fernandes Tomás, 76-80, 3000-167 Coimbra
Delegação: Avenida Engenheiro Arantes e Oliveira, 11 – 3º C – 1900-221 Lisboa – Portugal
www.actualeditora.pt

DESIGN DE CAPA
FBA

PAGINAÇÃO
Rosa Baptista

IMPRESSÃO E ACABAMENTO:
Artipol - www.artipol.net

Janeiro, 2019

DEPÓSITO LEGAL
450380/18

Toda a reprodução desta obra, por fotocópia ou qualquer outro processo, sem prévia autorização escrita do Editor, é ilícita e passível de procedimento judicial contra o infrator.

Biblioteca Nacional de Portugal – Catalogação na Publicação

DIAS, Teresa Macedo
Franchisar o seu negócio : um guia
prático de franchising. – (Fora de coleção)
ISBN 978-989-694-371-4

CDU   339

FRANCHISAR O SEU NEGÓCIO
UM GUIA PRÁTICO DE FRANCHISING

TERESA MACEDO DIAS

ÍNDICE

AGRADECIMENTOS 13

PREFÁCIO – Perspetivas de evolução do franchising em Portugal 15

PREFÁCIO – Muito além do franchising 19

1. INTRODUÇÃO AO FRANCHISING 25
   1.1 Glossário 27
   1.2 Breve história do franchising 31
   1.3 O franchising em Portugal 35
   1.4 Um caso de sucesso 42

2. POR ONDE COMEÇAR? 45
   2.1 O perfil ideal de franchisador 47
       2.1.1 Razões para franchisar 51
   2.2 A disponibilidade financeira do franchisador 55
   2.3 O meu negócio é franchisável? 58
   2.4 Seis perguntas infalíveis antes de franchisar o seu negócio 60
   2.5 Análise SWOT 65
       2.5.1 Outras ferramentas úteis 67

2.6 Estudo de viabilidade económica e financeira ou plano
de negócios 74
    2.6.1 Exemplo de estudo de viabilidade económica
e financeira da loja «XXX» 75
    2.6.2 Exemplo de relatório sintético do estudo de viabilidade
económica e financeira da loja «XXX» 89
2.7 Dossiê informativo 92
2.8 Manuais de franchising 95
    2.8.1 Manual operativo 95
    2.8.2 Manual de ética e deontologia 100
2.9 Contrato de pré-franquia e de franquia 101
    2.9.1 O que incluir no contrato de franchising 104
    2.9.2 Código deontológico do franchising 105

3. COMO FUNCIONA UMA REDE DE FRANQUIAS 113
   3.1 Gestão de redes 115
   3.2 Direitos e deveres do franchisador 122
      3.2.1 Apoio ao franchisado 123
      3.2.2 Formação inicial e contínua 124
      3.2.3 Boa comunicação 125
   3.3 A escolha do franchisado 126
      3.3.1 As perguntas mais comuns dos franchisados 134
      3.3.2 Ficha do franchisado 135
   3.4 Área geográfica 138
   3.5 *Marketing* e comunicação integrada na rede 141
      3.5.1 Construir uma presença *online* 143
   3.6 Internacionalizar a sua rede 152

4. A PERSPETIVA DO FRANCHISADO 155
   4.1 Direitos do franchisado 157
   4.2 Deveres do franchisado 159
   4.3 Onde procurar a franquia certa? 160
      4.3.1 Feiras de franchising 161

4.4 Ser dono do seu negócio. Porquê?.........................164
4.5 Análise SWOT pessoal 166
4.6 Vantagens e desvantagens do franchising...................168
4.7 Pontos a serem negociados com o franchisador...............169

5. O FUTURO DO FRANCHISING 171
   5.1 Novas metodologias 173
   5.2 Novas tendências 177

BIBLIOGRAFIA..183

APRESENTAÇÃO DA AUTORA

Teresa Macedo Dias trabalha na área da consultoria empresarial de franchising há mais de 15 anos.

Atualmente, tem clientes nacionais e estrangeiros, e parcerias além--fronteiras com várias empresas do setor, bem como inúmeros artigos publicados. Marcou presença, enquanto oradora, em várias feiras de franchising em Portugal e também no estrangeiro, e lecionou inúmeros *workshops* e seminários. Organizou dois eventos: Passaporte para o emprego e Comunica-te.

É ainda detentora do portal ComprarFranchising.com e pretende continuar a formatar negócios, a realizar mentorias e a dar formação aos empresários do futuro.

Com experiência comprovada na área do franchising, lança agora o seu primeiro livro, de forma a transmitir os seus conhecimentos a todos os empreendedores que se queiram lançar no mundo do franchising.

AGRADECIMENTOS

Às minhas filhas, Daniela e Margarida; ao meu marido, Adelino; e a todos os que se cruzaram no meu caminho e me ajudaram a crescer pessoal e profissionalmente.

Ao Marcelo Cherto, meu «ídolo» há muitos anos, e uma lenda no mundo do franchising brasileiro e não só.
Agradeço o aparecimento das redes sociais, porque apesar de acompanhar tudo o que podia sobre o Marcelo através das revistas que cá chegavam, foi online que começámos a falar e confesso que foi uma das maiores surpresas da minha vida.
O Marcelo é uma pessoa simples, amável, inteligente, sempre pronto a ajudar...e a empatia foi imediata! Aceitou fazer um dos prefácios do livro apesar do trabalho que tinha e de outros compromissos.
É uma pessoa que cumpre e sei a felicidade imensa que senti quando recebi o texto. Sou muito grata por ter encontrado o Marcelo e agora entendo porque é que tem a maior consultora de franchising do Brasil.
Obrigada de coração.

Ao Carlos Santos, pela disponibilidade e por ter aceitado, com um entusiasmo fantástico e de imediato, fazer o prefácio do livro. É das pessoas mais agradáveis e disponíveis para ajudar que conheço, com uma paciência enorme, e uma referência no mundo do franchising. Agradeço não só pelo prefácio, mas pela ajuda ao longo destes anos.

Um agradecimento especial à Ana Tavares, que me ajudou bastante, e que, além de ser uma excelente jornalista, conseguiu o feito raro de ter comigo uma empatia especial, que a fez perceber os meus «gatafunhos», o que facilitou enormemente este processo. Obrigada pela entrega a este projeto.

E, por fim, um obrigada à editora Actual pela aposta na publicação do livro.

PREFÁCIO
Perspetivas de evolução do franchising em Portugal

Gostaria de começar por felicitar a Teresa Macedo Dias por este projeto, que pretende ser um guia prático para quem quer transformar o seu negócio numa marca de franchising. Esta obra tem por base a sua vasta experiência na área da consultoria em franchising, não só apoiando no dia a dia potenciais franchisados a concretizar este objetivo, como acompanhando franchisadores que procuram um profissional com experiência e de confiança para os ajudar na expansão do seu negócio.

A estes futuros franchisadores, gostaria de deixar uma breve reflexão sobre a perspetiva de evolução do franchising em Portugal.

Como é referido no subcapítulo 1.3 deste livro, o franchising no nosso País tem atravessado várias fases, acompanhando as curvas da evolução económica nacional.

O franchising voltou a entrar numa curva ascendente — embora a um nível diferente do da época áurea do final da década de 1990 e da primeira década de 2000 — após um período crítico imposto pela crise financeira nacional e internacional, que resultou na escassez de soluções de financiamento por parte das entidades financeiras, mas também na forte redução do consumo interno.

Se, por um lado, a crise teve um impacto severo, levando ao desaparecimento de redes de franchising, inclusive de algumas marcas aparentemente consolidadas, serviu também como «depurador», pois veio evidenciar as marcas verdadeiramente sólidas, que conseguiram superar o contexto económico adverso, e que, provavelmente, estarão hoje mais fortes do que nunca.

Nos últimos três anos, o franchising tem vindo a crescer novamente em Portugal, atingindo um volume de negócios de cerca de 5,5 mil milhões de euros em 2017, de acordo com o atual Censo do Franchising em Portugal, elaborado pelo Grupo International Faculty for Executives (IFE).

Também em expansão está o número de conceitos de franchising a operar no mercado português, sobretudo de marcas nacionais. No entanto, embora estas novas marcas tenham por base conceitos com potencial, parte delas estão a operar há poucos anos, o que implica um maior esforço de afirmação no mercado.

Perspetiva-se que este crescimento se mantenha nos próximos anos, no entanto, é preciso ter em consideração que, tal como qualquer modelo de negócio, o franchising estará sempre exposto à conjuntura económico-financeira nacional e internacional. Assim sendo, é importante que as redes aproveitem esta fase para aumentar a sua solidez, evitando erros do passado para assegurar a sua sobrevivência, mesmo em cenários económicos menos favoráveis.

Mas, também é imperativo que os franchisadores compreendam a atual revolução originada pela transformação digital, que tem tido impacto em todos os negócios, do mais tradicional ao mais inovador. Para poderem acompanhar esta «carruagem», as marcas franchisadoras terão de se ajustar às novas formas de consumo e saber tirar proveito dos diferentes canais de comunicação, promovendo experiências diferenciadoras para o cliente, indo ao encontro das expectativas do seu público-alvo, cada vez mais exigente e que procura soluções cada vez mais personalizadas.

Não basta crescer, há que ver como se cresce. Este é um grande desafio para os franchisadores, que terão de ter capacidade para definir e implementar estratégias de crescimento sustentáveis, das quais depende em grande parte a evolução do franchising em Portugal.

Carlos Santos, *business developer manager* do Grupo IFE
— International Faculty for Executives

PREFÁCIO
Muito além do franchising

Tenho uma confissão a fazer: quando aceitei o convite para escrever este prefácio, fi-lo apenas pela simpatia que nutro pela autora deste livro. Ainda não o havia lido e não imaginava o quanto ele é agradável de ler e quanta informação útil contém, revelada por Teresa Macedo Dias com clareza e objetividade.

Agora, depois de o ter lido, estou convencido de que os ensinamentos que condensa contribuirão para levar o franchising a alcançar, em Portugal, uma relevância semelhante à que tem no Brasil, onde a primeira obra sobre o tema foi escrita por mim e publicada em 1988, ano seguinte ao da criação da Associação Brasileira de Franchising, a ABF, entidade da qual sou um dos fundadores.

De lá para cá, muita água passou por baixo da ponte, como nós brasileiros costumamos dizer. Naquele mesmo 1988, realizámos a primeira feira de franquias, à qual conseguimos levar, a muito custo, 16 expositores e cerca de 1 200 visitantes. Para que se tenha uma ideia da evolução do mercado, passados 30 anos, a feira de 2018 contou com cerca de 600 expositores e mais de 60 000 visitantes, o que faz dela uma das maiores do mundo, se não a maior de todas.

Hoje, o sistema brasileiro de franchising, segundo dados oficiais da ABF apurados em 31 de dezembro de 2017, é composto por mais de 2 800 empresas franchisadoras e quase 150 000 unidades franchisadas, que geram 1,2 milhão de empregos diretos e movimentam um total de cerca de 165 mil milhões de reais, que equivalem a mais ou menos 33 mil milhões de euros às taxas de câmbio vigentes em agosto de 2018. E o primeiro semestre deste ano, apesar da séria crise que o Brasil atravessa, mostra um crescimento superior a 8% em relação ao mesmo período do ano passado.

Espero que esses números sirvam de inspiração e estímulo aos empreendedores portugueses, levando mais e mais deles a atuar, seja como franchisadores, seja como franchisados. Esse mercado tem muito a crescer em Portugal.

Porém, entendo que a utilidade deste livro vai muito além de estimular o crescimento do mercado português de franquias.

Sei, por experiência própria, que certos mecanismos, técnicas e ferramentas que fazem parte do dia a dia de qualquer operação de franchising razoavelmente estruturada podem ser adaptados e utilizados para aprimorar o funcionamento de uma série de outros canais de vendas e redes de negócios que nada têm que ver com franquias, tais como revendas, distribuidores, agentes, representantes comerciais, lojas próprias, corretores, assistências técnicas, redes de venda direta (que antes chamávamos de porta a porta), equipas internas de vendas e outros.

Meu amigo Clemente Nobrega, físico doutorado na Alemanha que depois se transmutou em especialista de *marketing*, e, mais tarde, evoluiu para se tornar num respeitado consultor de gestão empresarial e inovação, além de autor de diversos livros e inúmeros artigos sobre esses assuntos, sempre diz que os grandes temas que compõem a ideia do franchising como conceito de negócio são os fundamentos do que há de mais moderno em gestão de empresas. Como observa ele, com a visão sistémica característica dos físicos, temas como a padronização e codificação de processos, a coleta, processamento, apropriação e disseminação das melhores práticas levadas a cabo na linha de frente e a capacidade de orquestrar a atuação de uma rede de parceiros autónomos constituem hoje noções obrigatórias para qualquer gestor.

Uma boa empresa franchisadora sabe, melhor do que qualquer outro tipo de organização, como levar uma rede formada por negócios distintos, geridos e operados por pessoas diferentes, que muitas vezes falam línguas que nem sequer se assemelham e funcionam em geografias distintas, a atuar de forma uníssona, gerando para os consumidores a experiência positiva que os leva a criar uma conexão emocional com a marca e/ou com os produtos ou serviços e a voltar a consumi-los inúmeras vezes, além de deles falar bem nas suas interações, físicas e virtuais, com os integrantes das respetivas redes de relacionamentos.

A equipa de consultores da Cherto tem feito essa transposição, para outros tipos de canais e redes de negócios formadas por não-franquias, de muitos dos mecanismos que geram bons resultados nas redes de franquias. Nossos clientes nesse tipo de projeto incluem bancos, seguradoras, empresas de telecomunicações, empresas do agro-negócio e por aí afora. Já o fizemos até mesmo para elevar o grau de padronização e de produtividade das dezenas de canteiros de obras de duas grandes construtoras e dos 20 e tantos centros de distribuição de uma empresa brasileira de logística com abrangência nacional.

Temos feito uso dos mecanismos do franchising até mesmo para replicar programas sociais bem sucedidos, levados a cabo por organizações não governamentais (ONG), com as quais trabalhamos para criar aquilo que chamamos de Franquias Sociais. Caso o leitor se interesse pelo tema, sugiro que pesquise na internet as seguintes ONG brasileiras: CDI – Comitê para a Democratização da Informática, Fundação Iochpe e seu programa Formare, de educação profissionalizante para jovens em situação de risco, e o Instituto Gerando Falcões, criado pelo jovem Eduardo Lyra, filho de um ex-presidiário, que faz um trabalho irretocável de inclusão social em favelas. Isso apenas para citar algumas das muitas organizações com as quais trabalhamos para criar redes de franquias sem fins lucrativos.

A esta altura, o leitor certamente já se deu conta de que os conceitos que este livro detalha têm aplicação muito além do universo das franquias, pelo que só me resta desejar que, seja qual for a sua realidade ou intenção, os possa utilizar da melhor maneira possível, para gerar resultados positivos, tanto para si e sua empresa, como para aqueles com quem faz negócios e para a comunidade em que vive.

Boa leitura e bons negócios!
São Paulo, Brasil, agosto de 2018

MARCELO CHERTO
Fundador e Presidente do Grupo Cherto (Cherto Consultoria, Franchise Store e ChertoAtco – Educação Corporativa), fundador da ABF – Associação Brasileira de Franchising, autor / co-autor de 12 livros sobre franquias, vendas e canais de vendas, professor da Franchising University, ex-professor da cadeira de Franchising da Fundação Getúlio Vargas, da ESPM – Escola Superior de Propaganda e Marketing e MBA-Varejo da FIA-USP, membro vitalício da Academia Brasileira de Marketing.

A melhor maneira de prever o futuro é inventá-lo.
NICHOLAS NEGROPONTE

1
INTRODUÇÃO AO FRANCHISING

1.1 GLOSSÁRIO

FRANCHISING OU FRANQUIA (*BUSINESS FORMAT FRANCHISE*)

Sistema de negócio no qual uma empresa com sucesso comprovado, detentora de um *know-how* próprio e de uma marca registada (franchisador ou franquiador), concede a outra pessoa ou empresário (franchisado ou franquiado) o direito de utilizar a sua imagem e de explorar os seus produtos e/ou serviços em troca de contrapartidas financeiras.

FRANCHISADOR OU FRANQUIADOR

Empresa que transfere para terceiros o direito de exploração da sua marca e de utilização dos seus métodos de gestão, mediante condições estipuladas em contrato de franchising.

FRANCHISADO OU FRANQUIADO

Empresa ou empresário que adquire do franchisador o direito a explorar a marca deste num determinado local e aí comercializar os respetivos produtos e/ou serviços, beneficiando do *know-how* acumulado e das sinergias da rede, nos termos previstos contratualmente pelas partes.

CONTRATO DE FRANCHISING

Documento legal em que o franchisador e franchisado definem as regras da sua relação, assim como os respetivos direitos e deveres. O contrato de franchising deverá incluir toda a informação relativa ao território exclusivo de cada franchisado, duração do contrato, condições da sua renovação, formação prestada, condições financeiras, etc.

DIREITOS DE ENTRADA

Montante que o franchisado paga ao franchisador no momento da adesão à rede. Geralmente, o valor é pago no ato da assinatura do contrato de franchising. Esta quantia pretende cobrir os custos que o franchisador investiu no desenvolvimento da marca, bem como no apoio e formação do franchisado até à abertura da loja.

INVESTIMENTO INICIAL

Valor que resulta da soma do direito de entrada e do montante necessário para iniciar a atividade (obras, decoração, mobiliário, equipamentos informáticos, etc.). No investimento inicial nunca está incluído o valor do imóvel (compra ou arrendamento), nem o fundo de maneio necessário para o arranque da atividade.

KNOW-HOW

Expressão de língua inglesa que significa «saber-fazer». Engloba todos os sistemas, métodos e conhecimentos específicos que são propriedade do franchisador e que compõem a identidade do negócio.

ROYALTIES

Montante que o franchisado paga todos os meses (ou com outra periodicidade acordada) ao franchisador pelo uso continuado da marca. Pode ser um valor fixo ou variável, ou ambos.

LOJA PRÓPRIA

Unidade detida pelo franchisador, que pode ser utilizada na formação de franchisados ou em testes de novos produtos e/ou serviços, antes de estes serem introduzidos nas restantes lojas da rede. Quando se trata da primeira unidade num determinado território, recebe o nome de loja-piloto.

MARCA

Nome comercial pelo qual o negócio do franchisador é conhecido e que o franchisado tem autorização para utilizar, nos termos previstos pelo contrato de franchising.

TAXA DE PUBLICIDADE

Montante que os franchisados pagam mensalmente (ou com outra periodicidade acordada) para um fundo comum, gerido pelo franchisador, com vista à promoção da marca.

ÁREA GEOGRÁFICA EXCLUSIVA

Território exclusivo atribuído contratualmente ao franchisado, com a garantia de que o franchisador se compromete a não implantar nessa região outras unidades da mesma marca.

AREA DEVELOPER

Empresa que compra os direitos de uma marca para a explorar diretamente numa região, mas que o faz exclusivamente através da abertura das suas próprias lojas, sem subfranchisar a terceiros.

MASTER FRANCHISADO

Empresa detentora de direitos para explorar uma certa região (normalmente, um país) e aí poder subfranchisar terceiros, assumindo deste modo um papel de franchisador. Em compensação pelo seu trabalho, recebe uma parte dos proveitos da rede (percentagem dos direitos de entrada e *royalties*) na região ou país a seu cargo.

1.2 BREVE HISTÓRIA DO FRANCHISING

O franchising é considerado por muitos como um dos modelos de negócio de maior sucesso. O que poucos sabem é que remonta à Idade Média, altura em que surgiram as primeiras versões deste conceito, postas em prática pelos tribunais medievais e senhores feudais, que concediam monopólios em mercados específicos a determinados indivíduos. Em troca, estes negociantes, os franchisados originais, pagavam uma quantia em dinheiro, ou seja, um *royalty*. Soa-lhe familiar?

Símbolo de emancipação económica, de oportunidade e até de criação do próprio emprego, a palavra franchising (termo que surge na Idade Média) honra as suas raizes etimológicas. Em francês médio — uma divisão histórica do francês que abrange o período entre o século XIV e início do século XVII —, a palavra «*franchir*» significa libertar. É isto que o franchising permite: autonomia financeira e uma libertação relativamente aos tradicionais modelos de negócio.

Os portugueses têm uma relação histórica com o franchising. Afinal, o Império Português (1415-1999) foi o primeiro império colonial global. O que foram os nossos reis senão franchisadores? Os monarcas e senhores feudais determinavam quem podia fazer negócio, organizar feiras e até caçar nos seus territórios. Quando uma nova colónia era criada, o seu fundador pedia a proteção da coroa em troca de impostos ou *royalties*, assegurando desta forma a sua «área geográfica».

O franchising começou a ganhar contornos mais atuais no século XIX, emergindo como conceito totalmente definido no século XX.

Uma das marcas mais primitivas a operar em franchising surgiu nos anos 1840, quando um produtor de cerveja alemão concedeu os direitos de distribuição da sua cerveja a várias tabernas locais, em troca de uma exigência singular: estas tinham de utilizar o nome da sua marca — *Spaten*. A cerveja *Spaten* é uma das principais marcas da cidade de Munique, na Alemanha. Foi criada em 1397, teve vários proprietários e ainda existe nos dias de hoje, com grande sucesso.

Os bons resultados devem-se não só à inovação da *Spaten*, que criou novos estilos de cerveja, mas também a este reconhecimento da importância do nome da marca, que continual a ser fulcral nos dias de hoje.

Apesar desta inovação da marca alemã, o responsável pelo conceito moderno que hoje conhecemos como franchising foi um nome bem conhecido dos lares portugueses. Isaac Singer, o cofundador da então I.M. Singer & Company, em 1851, foi a primeira pessoa a patentear uma máquina de costura, que se difundiu rapidamente pelo seu país de origem, os Estados Unidos da América (EUA).

Numa altura em que tudo era cosido à mão, é fácil perceber como a máquina de Singer, mais rápida (capaz de 900 pontos por minuto), se tornou tão procurada. Singer foi também pioneiro na comercialização e distribuição dos seus equipamentos: não só permitiu que as máquinas de costura fossem compradas a prestações, como estabeleceu uma rede de vendedores licenciados. Os vendedores compravam uma licença que lhes garantia o direito de comercializar as máquinas em determinada zona geográfica, e, além disso, ensinavam os clientes a utilizar as máquinas revolucionárias de Singer.

O fabricante recebia o dinheiro das licenças vendidas, ganhando assim mais capital para reinvestir em produção, e os vendedores criavam os seus próprios negócios, distribuindo um produto muito apetecível na altura — uma relação mutuamente benéfica que estabeleceu grande parte do formato em que o franchising hoje opera.

Com o caminho aberto por Singer — um dos primeiros franchisadores dos tempos modernos —, foram dois eventos diferentes, embora relacionados, que definiram o funcionamento do franchising atual: a venda em massa de automóveis e o surgimento de restaurantes à beira da estrada nos EUA.

O estado-unidense Henry Ford (1863-1947) não inventou o automóvel, mas revolucionou o mundo com a criação das primeiras linhas de montagem. Numa altura em que os carros eram vendidos por catálogo, Ford e os outros fabricantes de automóveis sabiam que tinham de inovar.

Em 1897, o empresário americano William Metzger abriu o primeiro concessionário automóvel independente em Detroit, Michigan. Quando o modelo emblemático de Ford, o *Ford T*, foi lançado em 1908, o fabricante não só tirou partido da emergente rede de concessionários locais para tornar o seu carro omnipresente em muitas cidades norte-americanas, como investiu fortemente em publicidade nos jornais de Detroit para anunciar as características do seu produto.

Mais carros, mais estradas, mais combustível, mais postos de combustível: é fácil perceber o impacto que o automóvel teve no tecido empresarial dos EUA e do mundo. À medida que as gasolineiras se espalhavam pela América do Norte — algumas já em regime de franchising —, tornou-se necessário alimentar os condutores que agora circulavam livremente por todo o país. Em breve, começaram a surgir os primeiros conceitos de restauração em regime de franquia.

Por falar em restauração, é impossível falar de franchising sem mencionar a *McDonald's*. A marca norte-americana que deu o *Big Mac* ao mundo é um dos exemplos mais emblemáticos de sucesso do franchising. Curiosamente, não foram os seus criadores que mais impulsionaram a expansão global da marca, mas sim o vendedor de máquinas de batidos para os restaurantes da *McDonald's*.

Raymond Kroc, nascido em 1902, era um vendedor nato. Detinha os direitos exclusivos de venda de uma marca de máquinas de batidos, um negócio que construiu a pulso, viajando pelos EUA para vender equipamentos. A sua máquina, a Multimixer, conseguia produzir cinco batidos ao mesmo tempo.

Quando Kroc ouviu a história de uma hamburgueria californiana detida por dois irmãos — Richard e Maurice McDonald — que utilizava oito das suas máquinas em simultâneo, o vendedor quis ver pelos seus próprios olhos. Ao analisar o sistema de montagem criado pelos irmãos, Kroc pensou que o conceito podia ser replicado em restaurantes por todo o país. Quis o acaso que os irmãos McDonald andassem à procura de uma espécie de «agente de franchising». Kroc tornou-se no vendedor exclusivo de unidades *McDonald's*, uma parceria concretizada oficialmente em 1955, com a abertura do primeiro restaurante em conjunto, em Illinois.

Visionário, o vendedor viu no alargamento progressivo de vias rodoviárias pelo país a oportunidade de construir um império. Kroc acabou por inaugurar várias unidades com os irmãos McDonald, mas, como estes não estavam tão focados na expansão do negócio, o vendedor da Multimixer acabou por comprar a sua parte da empresa por 2,7 milhões de dólares. Em 1963, oito anos depois da inauguração da primeira unidade conjunta, a *McDonald's* tinha já 500 restaurantes pelo país. Em 2017, já são mais de 37 000 por todo o mundo.

1.3 O FRANCHISING EM PORTUGAL

Depois de se estender a inúmeros setores de negócio nos EUA nas décadas de 1970 e 1980, o franchising começou também a proliferar na Europa. O novo modelo de negócio oferecia uma ideia de imagem de marca e de produto muito mais complexa e bem conseguida do que a existente até à data.

Antes disso, porém, o franchising já tinha chegado ao Brasil, ainda nos anos 1960. Pioneiro, o país viu nascer marcas como O *Boticário* nos anos 1970, mas foi na década seguinte que se registou um *boom* de franchising tremendo, que culminou na criação da Associação Brasileira de Franchising (ABF), em 1987. Atualmente, segundo dados desta mesma associação, existem quase 3 000 marcas de franchising no Brasil, 95% das quais nacionais. O setor emprega ainda quase 1,1 milhão de pessoas. É um mercado muito mais extenso do que o português e encontra-se mais bem legislado, e é por isso que aparece mencionado algumas vezes como exemplo ao longo deste livro.

Deste lado do Atlântico, os primeiros conceitos em franchising chegaram a Portugal na década de 1980, com marcas como a *Stefanel, Manpower* e *Baskin Robbins*. A gigante espanhola *Multiópticas* «aterra» no país em 1988, trazendo um conceito de optometria a baixo custo inédito em Portugal. No âmbito nacional, a marca de vestuário infantil e pré-mamã *Cenoura*, criada em 1972, foi a primeira a formatar o seu conceito de negócio, iniciando a sua atividade em franchising em 1984.

De resto, o início dos anos 1990 foi próspero na entrada de grandes cadeias de restauração — muitas ligadas à *fast-food* — em Portugal, como a *Pizza Hut* (1990), *McDonald's* (1991), *Telepizza* (1992) e a *Joshua's Shoarma Grill* (1993). Foi a partir daqui que o franchising começou realmente a crescer em solo nacional, estendo-se a quase todos os setores de atividade, com particular destaque para o comércio.

Assim, em 1988, surge a Associação Portuguesa de Franchising (APF), criada por um grupo de empresas com o objetivo de estudar e divulgar este sistema em Portugal.

Apesar disso, os primeiros dados mais consistentes e aprofundados sobre o franchising surgem em 1996, data em que o Instituto de Informação em Franchising (IIF) realizou o seu primeiro Censo do Franchising. Fundado nesse mesmo ano para preencher uma lacuna no mercado português — a informação sobre franchising, exatamente —, o IIF iniciou em 1999 a publicação da *Negócios & Franchising*, uma revista especializada sobre franchising e empreendedorismo. Mais tarde, foi integrado na firma International Faculty for Executives — IFE, parte do grupo francês Abilways, o que explica a atribuição ao longo desta obra dos Censos do Franchising ao grupo IFE.

Comparando o primeiro Censo do Franchising com o mais recente (à data de publicação deste livro), lançado em 2018, é fácil constatar o quanto este sistema evoluiu em Portugal. O censo de 1996 retrata Portugal como um país importador de conceitos internacionais (70% das marcas eram de origem estrangeira), maioritariamente de França (19%) e dos EUA (16%). Hoje, a grande maioria das marcas (66%) é de origem nacional. A inversão deu-se em 2006, quando, pela primeira vez na história do franchising em Portugal, as marcas nacionais ultrapassaram as estrangeiras em presença de mercado.

Em 1996, o setor do vestuário e calçado representava 34% dos negócios em franchising em Portugal, seguindo-se a restauração e hotelaria (23%), e o setor dos serviços (16%). Na segunda metade da década de 1980, o vestuário e a perfumaria foram, de facto, as principais indústrias responsáveis pelo desenvolvimento do franchising no país, situação que se alterou na década de 1990, com a entrada no país das grandes cadeias internacionais de *fast-food*.

Apesar da grande diversificação de conceitos, a maioria das empresas em Portugal a operar em regime de franchising no final dos anos 1990 era ainda muito jovem. Segundo dados do 4.º Censo do Franchising, publicado em 1999 com dados referentes a dezembro de 1998, a idade média das redes de franchising portuguesas era de três anos. Em 1998, foram ainda criados 5 000 novos empregos e 600 novas empresas de franchising.

O quarto censo revela também o rápido crescimento de franchisadores em menos de uma década: em 1990 existiam cerca de 31 franchisadores em Portugal, em 1998 eram já 308.

Outro dado revelador é o domínio do setor do comércio, que, em 1998, era responsável por 62% das empresas de franchising em atividade em solo nacional.

Na verdade, a predominância do setor comercial só se inverteu em 2005. Após alguns anos de concorrência renhida entre os setores do comércio e dos serviços, em dezembro de 2005 os serviços passaram a representar 46% dos negócios em franchising em Portugal, enquanto o comércio se ficou pelos 44,4%.

Desde então, são os serviços que têm governado o franchising em Portugal, embora, nos últimos anos, a representação e nível de investimento por parte das empresas de restauração também tenha crescido.

É importante salientar que 2013 foi um *annus horribilis* para o franchising nacional devido à enorme crise económica que o país atravessou. Na sequência de alguns anos menos positivos, 2013 foi um desastre para o setor das franquias: o número de marcas presentes em Portugal caiu de mais de 550 (dados de 2012) para 500, e o volume de negócios ficou um pouco acima dos 4 mil milhões de euros, comparativamente a quase 5 mil milhões em 2012.

O setor tem estado em recuperação contínua desde então: em 2017, de acordo com dados do 23.º censo O *Franchising em Portugal*, o mais recente à data de publicação deste livro, o franchising gerou um volume de negócios de 5,5 mil milhões de euros, representando 2,84% do Produto Interno Bruto (PIB), um aumento de 324 milhões de euros em relação a 2016.

Em dezembro de 2017, operavam em Portugal 610 franquias — surgiram 40 novos conceitos, 27 dos quais lusos, ao longo do ano — e a indústria foi responsável pela criação de 129 280 postos de trabalho (cerca de 2,72% dos empregos nacionais), mais 11 830 comparativamente ao período homólogo.

Todavia, para se colocar em perspetiva o setor do franchising em Portugal, é importante frisar que cerca de um quarto de todas as redes que operam no País (25,6%) têm até 4 unidades. As redes compostas por 20 a 49 unidades representam 23,2% das marcas e aumentaram 1,2% comparativamente a 2016. «Esta evolução do número de unidades leva-nos a crer que, embora os franchisadores tenham uma estratégia de expansão ativa, a sua principal prioridade é consolidar a rede de uma forma sustentada. Por outro lado, é preciso ter em consideração a dimensão do mercado português, que, no caso de alguns conceitos, pelas suas características, se justifica que tenham um número reduzido de unidades no território nacional», salientou o grupo IFE no seu 23.º censo.

Como já referido, a maioria das marcas em atividade em território nacional é nacional (66%), mas os conceitos espanhóis estão em crescimento e representam já 17,9% das marcas de franchising presentes em Portugal. O valor representa um incremento de 3,2% comparativamente a 2016, que em grande parte se pode explicar pela proximidade dos dois países.

Países de origem das redes presentes no mercado nacional

Portugal	66%
Espanha	17,9%
EUA	4,6%
França	3,8%
Brasil	1,1%
Itália	1,1%
Reino Unido	0,4%
Outros	5%

Fonte: 23.º Censo *O Franchising em Portugal* do Grupo IFE — Abilways

No geral, os franchisings de baixo investimento (até 25 000 euros de investimento inicial) mantiveram a sua liderança no setor, representando

43,6% dos conceitos de negócio. Contudo, é de notar o crescimento de 4% em relação a 2016 no segmento de investimento de 25 000 a 50 000 euros, que agora enquadra 26,5% das marcas de franquia em Portugal. Segundo o IFE, «Este aumento poderá ser explicado não só pelo surgimento de negócios, que, pelas suas características, requerem maior investimento, mas também pelo facto de algumas marcas terem ajustado os seus conceitos à evolução do mercado». O escalão intermédio, entre os 50 000 e os 100 000 euros, é o terceiro mais representado em Portugal, com 17,7% das marcas. Os dois escalões mais elevados são os menos representativos, mas, ainda assim, o IFE destaca o aumento do escalão de investimento superior a 250 000 euros, que cresceu 1,6%.

Os valores mudam um pouco quando se aplicam os escalões de investimento às 40 marcas recém-criadas em 2017, mas o panorama geral manteve-se igual, com a liderança das franquias de baixo investimento. É de salientar ainda que, em 2017, 25% das novas marcas tinha origem espanhola, enquanto no ano anterior (2016) apenas 8,3% dos novos conceitos provinham do país vizinho.

Novas marcas

Escalão de investimento	% de marcas
< 25 000 euros	57,1%
25 000 a 50 000 euros	28,6%
50 000 a 100 000 euros	7,1%
100 000 a 250 000 euros	7,1%

País de origem	% de marcas
Portugal	67,5%
Espanha	25%
Outros	75%

Setor de atividade	% de marcas
Serviços	62,5%
Comércio	22,5%
Restauração	15%

Fonte: 23.º Censo O *Franchising em Portugal* do Grupo IFE — Abilways

Quanto aos setores de negócio das franquias em Portugal, o mais representado continua a ser — desde 2005 — o dos serviços, atualmente responsável por 57,7% das empresas em franchising (um crescimento de 0,4% relativamente a 2016), seguido pelo comércio (29%) e restauração (13,3%).

O futuro do franchising nacional passa ainda pelo Norte, Sul e Ilhas. As capitais de distrito prioritárias para a expansão geográfica das franquias em atividade em Portugal são Porto (56,7%), Faro (56,2%), Lisboa (53,8%) e Funchal (51%). Relativamente à previsão de novas aberturas, a maioria das marcas em solo nacional (51,1%) esperava conseguir acrescentar à sua rede um máximo de 5 novas unidades até ao final de 2018, ao passo que 28,7% das insígnias tinha planos para inaugurar entre 5 a 10 unidades, e 20,2% tinha como objetivo abrir mais de 10 novas lojas.

Além-fronteiras, o IFE registou, pela primeira vez, a presença de marcas lusas nos EUA (2) e Austrália (1). O grupo contabilizou as redes que se estão a expandir internacionalmente em regime de franchising e não as que apenas têm acordos de franchising em mercados externos. De qualquer modo, é uma evolução muito positiva para o mercado nacional de franquias.

Como seria de esperar, o grande mercado internacional das redes nacionais é a Europa (45,2%), com grande predominância de Espanha, que acolhe 15% das marcas portuguesas. Ainda assim, este valor implica um decréscimo de 7,9% comparativamente a 2016, o que significa que as redes estão a diversificar os seus mercados internacionais. A Ásia destronou o mercado africano, ocupando agora a segunda posição enquanto destino de 20,9% das marcas portuguesas. Destas, 56,8% resolveram estabelecer-se no Médio Oriente e 13,5% na China, incluindo Macau e Hong Kong.

Para África, rumaram 19,8% dos conceitos lusos, em especial na direção de Angola e Moçambique, que receberam, respetivamente, 40% e 20% das redes nacionais que se instalaram no continente africano. Já a América Central e do Sul recebeu 12,4% das redes nacionais — o principal destino é o Brasil, alvo de 31,8% das marcas.

1.4 UM CASO DE SUCESSO

São muitos os casos de sucesso em franchising, mas poucos serão tão inspiradores como o do *coronel* Harland Sanders, um homem de enorme sabedoria empresarial (embora com pouca educação formal), que, com tremenda determinação e força de vontade, construiu um império que hoje se estende a todo o mundo.

Diz-se que o seu conceito de franchising *Kentucky Fried Chicken* (KFC) foi rejeitado 1 009 vezes. Mas, à 1 010.ª vez, Harland Sanders conseguiu. Hoje, a KFC está presente em cerca de 131 países, com mais de 20 000 unidades em todo o mundo. A sua história de sucesso é também a história de perseverança do seu fundador, que só franquiou a sua empresa aos 62 anos.

Harland Sanders nasceu em 1890 e cresceu numa quinta no Indiana, nos EUA. O pai de Sanders morreu quando ele tinha apenas seis anos e, por isso, ainda criança, era ele quem cuidava do irmão e irmã mais novos enquanto a mãe trabalhava. Foi assim que aperfeiçoou as suas capacidades culinárias e, segundo a revista *The New Yorker*, aos sete anos era já um cozinheiro muito razoável.

Quando a sua mãe casou pela segunda vez, Sanders foi enviado para uma quinta, onde começou a trabalhar. Rapidamente percebeu que preferia trabalhar do que estudar, desistindo da escola no sétimo ano.

Aos 16 anos, sempre inventivo, mentiu sobre a sua idade para entrar no exército. Depois de uma passagem por Cuba, onde ficou durante cerca de um ano, regressou aos EUA e começou a trabalhar na ferrovia. Foi despedido por lutar com um colega. Enquanto trabalhava, havia estudado Direito, mas acabou por arruinar uma potencial carreira legal por se envolver noutra luta. Regressou a casa da mãe e começou a vender seguros, até que, mais uma vez, foi colocado na rua por insubordinação. Deslizou então por inúmeros trabalhos: vendeu pneus, conduziu um *ferry* e construiu sistemas de iluminação. Sanders ainda não o sabia, mas este seu carácter aguerrido e os seus dotes — nunca esquecidos —

para a cozinha iriam ajudá-lo a construir um verdadeiro império da restauração.

Em 1930, já com 40 anos, adquiriu uma estação de serviço em Corbin, Kentucky, onde servia pratos clássicos do sul dos EUA aos viajantes. Como muitos negócios naquela altura, o seu restaurante à beira da estrada prosperava graças à expansão do automóvel e do alcatrão. À medida que a estação de serviço se tornava mais conhecida pela sua comida do que pelo seu combustível, Sanders converteu finalmente todo o espaço num restaurante, deixando o negócio da gasolina de lado.

Nove anos depois, após muitas experiências com os tachos, o cozinheiro chegou à receita que iria tornar a KFC conhecida em todo o mundo — descobriu que fritar frango com 11 ervas aromáticas e especiarias (a assinatura da marca) numa panela de pressão (diferente das que se usam atualmente) concedia uma textura especial à carne. A receita estava pronta, só faltava aplicá-la.

O restaurante de Sanders cresceu exponencialmente em popularidade na década seguinte e, em 1950, o governador do Kentucky atribuiu-lhe o título de *coronel*, a maior honra concedida por aquele estado. Foi assim que Sanders recebeu a alcunha que o iria acompanhar ao longo da vida. Considerado um verdadeiro génio do *marketing* por muitos dos que o conheceram, começou a utilizar a gravata de *coronel* e os fatos brancos típicos destes oficiais do exército que mais tarde o iriam tornar num ícone da cultura *pop*.

Depois da Segunda Guerra Mundial, Sanders tentou franchisar a sua receita vencedora. Finalmente, em 1952, conseguiu fechar negócio com um amigo do mundo da restauração, Pete Harman, a quem vendeu o seu prato de frango, intitulado «Kentucky Fried Chicken», em troca de um *royalty* de quatro cêntimos de dólar por pedaço. Quando o frango de Sanders se tornou no prato mais vendido, o *coronel* ofereceu o mesmo acordo de parceria a outros restaurantes da zona. Entretanto, o seu restaurante foi afetado pela abertura de uma nova estrada interestadual (que desviou o tráfego para longe do seu estabelecimento), acabando por ser vendido, com prejuízo, em 1956.

Como já não tinha negócio ao qual se dedicar, Sanders apostou no processo de franquia que havia iniciado anos antes. Fez-se à estrada com a sua mulher, visitando vários restaurantes onde se oferecia para cozinhar a sua receita. Se o proprietário gostasse, faziam negócio. Com esta tática, o *coronel* conquistou 600 restaurantes nos EUA e Canadá até 1963. Das incontáveis viagens com a panela de pressão e com as suas ervas e especiarias no porta-bagagem, passou a receber pedidos de franquia sem mexer um único dedo. Mas a sua vida iria alterar-se ainda mais profundamente em outubro desse ano, altura em que foi abordado por um jovem advogado e por um empresário de capital de risco que pretendiam comprar-lhe os direitos de franchising do seu negócio.

Após semanas de persuasão, Harland Sanders acabou por vender , em janeiro de 1965, os direitos de exploração por 2 milhões de dólares, mais de 15 milhões de dólares nos dias de hoje (quase 13 milhões de euros). Recebeu ainda outras regalias, como um salário vitalício, e a garantia de que a sua receita de frango não seria alterada. Além disso, detinha um lugar na sala da administração, o controlo maioritário sobre o franchising no Canadá e o posto de embaixador da marca.

Muitos dizem que Sanders poderia ter lucrado mais com o negócio, mas o fundador da KFC foi perentório na sua devoção à manutenção da integridade do legado da marca em detrimento do exclusivo enriquecimento próprio. Até morrer, em 1980, continuou a visitar unidades da KFC, promovendo a marca nos meios de comunicação social. Em 1971, um dos compradores vendeu a sua parte da empresa por 284 milhões de dólares (mais de 245 milhões de euros). Hoje, segundo a *Forbes*, a KFC está avaliada em 7,4 mil milhões de euros. Um valor justo para uma marca que começou com frango cozinhado numa panela de pressão e com um criador que não teve medo de percorrer muitos quilómetros pela receita em que acreditava.

2
POR ONDE COMEÇAR?

2.1 O PERFIL IDEAL DE FRANCHISADOR

Tudo parece impossível até ser feito.
Nelson Mandela

A primeira pergunta que deve ser feita a quem entra no escritório de um consultor de franchising é: «Porque é que optou pelo franchising?». A resposta a esta questão simples e direta pode dizer muito sobre a pessoa que quer empreender e sobre o seu negócio.

Franchisar uma empresa sozinho é um ato praticamente impossível e pouco sensato. A tarefa deverá recair nos ombros de um consultor de franchising credível, com provas dadas no meio. Este será capaz de executar uma análise global da empresa e do franchisador em questão, averiguando assim a viabilidade do processo de formatação do em franchising.

Deste modo, o trabalho de consultoria envolve várias funções: os consultores de franchising são não só consultores, mas também gestores, *coaches* e até, por vezes, «psicólogos» dos seus clientes. Tentar perceber as motivações de quem afirma querer franchisar a sua empresa é da maior importância para avaliar as suas verdadeiras hipóteses de sucesso.

Criar uma rede de franchising acarreta incontáveis vantagens: o franchisador passa a ser dono de si próprio, tem a oportunidade de expandir a sua marca, de conquistar tremenda notoriedade e, claro, lucro. O franchising é o sistema de expansão que melhor equilibra as três variáveis mais importantes para o crescimento de qualquer negócio: custo, cobertura e controlo. Como? O franchisador consegue ter alto controlo (define as regras e padrões) e alta cobertura (é possível abranger todo território nacional, por exemplo), com custos muito baixos (afinal, são os franchisados que investem para abrir suas franquias).

Mas, com estas vantagens chega também a responsabilidade de quem vai gerir uma rede de franquias. Assim, poderia pensar-se que o primeiro passo para formatar um negócio em franchising seria a análise do negócio em si, mas as características pessoais do franchisador são vitais para o sucesso da futura rede, porque esta é uma relação que em muito se assemelha a um casamento.

Tal como num casamento, em que ambos os membros do casal rumam, idealmente, na mesma direção para atingir os seus objetivos, o franchising exige que o franchisador se esforce para que a parceria resulte, não desistindo à primeira contrariedade. Os franchisados investem muitas vezes tudo o que têm no negócio do franchisador, o que torna a ética fundamental nestas relações.

Assim, o franchisador tem de ser alguém com carácter, atitude e que queira fazer do franchising uma extensão da empresa que criou originalmente, formando, no processo, uma grande «família» de franchisados. Acima de tudo, deve encarar a expansão da rede com seriedade e mostrar grande vontade de aprender, desempenhando as funções certas.

É também essencial que seja uma pessoa transparente quanto aos seus processos e metodologias, e que saiba comunicar tudo o que se passa aos seus franchisados, estabelecendo uma comunicação regular e honesta com a rede. É por isso que a palavra-chave do perfil de um bom franchisador é «confiança».

Confiança de que temos em mãos um produto ou serviço de boa qualidade; confiança que tem de ser passada aos franchisados quanto ao negócio e à atuação do franchisador; e confiança de que o percurso do franchisador é — e será — irrepreensível ao longo da expansão da rede.

A questão da confiança e da fiabilidade do criador da rede é ainda mais premente num país como Portugal, em que não existe uma associação que mantenha registos atualizados e compreensivos sobre a operação das empresas em regime de franchising.

Excetuando os Censos de Franchising, realizados anualmente há mais de duas décadas pela International Faculty for Executives — IFE, não há dados relevantes e de consulta pública sobre as redes de franchising em funcionamento no país, sobre o número de unidades abertas ou encerradas, volume de negócios, etc.

É por este motivo que muitos potenciais franchisados não têm outra opção, quando decidem juntar-se a uma rede, senão falar com os restantes franchisados da empresa para recolher eficazmente informações sobre o negócio em que vão investir.

A transparência e a ética são essenciais para o franchisador, especialmente porque este tem a lei do seu lado. Como não existem leis específicas em Portugal para a regulação da atividade do franchising, os contratos são, geralmente, feitos a favor do franchisador. Este é uma entidade juridicamente independente, o que significa que as suas responsabilidades reais pelo sucesso ou insucesso da rede são, na verdade, muito poucas, o que explica a importância de um correto perfil empreendedor.

Já do ponto de vista do franchisado, a opção de entrar num negócio em franchising justifica-se pelo menor risco e retorno financeiro mais rápido. As pessoas querem investir num franchising para terem um «sócio», alguém que as guie e abra portas, que torne tudo mais fácil. Tendo isto em conta, percebe-se a importância do franchisador neste processo de liderança e o sucesso que o franchising tem tido enquanto modelo de negócio. Apostar numa franquia é uma das formas mais seguras de criar uma nova empresa, mas, para isso, o franchisador tem de ser alguém presente, alguém que passe regularmente nas lojas da sua rede para recolher informação e perceber como a rede pode evoluir.

A falta de confiança ou a sensação de «abandono» por parte do franchisador é, possivelmente, a principal causa de rescisão de contratos em franchising e um dos erros mais comuns cometidos pelos empreendedores que se aventuram neste setor de atividade. O franchisado nunca se pode sentir alienado: da confiança transmitida pelo franchisador depende o sucesso e crescimento da rede.

Nas próximas páginas, serão descritos os melhores métodos e técnicas para evitar estas «armadilhas» do franchising e obter aquilo que o franchising garante à partida — um negócio de sucesso.

OS SETE ERROS MAIS COMUM EM FRANCHISING (POR FRANCHISADOS E FRANCHISADORES)

1. Muitos franchisados revelam **total desconhecimento do sistema de franchising.** Sem essa informação, as reclamações da parte dos franchisados, que muitas vezes conduzem ao fecho da unidade, só começam depois de o negócio estar fechado, o que diminui exponencialmente a sua probabilidade de resolução.
2. **Dados financeiros errados.** Normalmente, o franchisador elabora um plano de negócios ou um estudo de viabilidade económica do negócio. No entanto, na maioria das vezes, este não serve para todas as regiões/distritos. Por isso, é aconselhável fazer um estudo mais específico para cada situação.
3. **Falta de fundo de maneio.** Hoje em dia, é possível abrir uma empresa com apenas um euro, graças à entrada em vigor, em abril de 2011, de legislação que permite que as sociedades por quotas ou unipessoais tenham um valor de capital social livre. Apesar disso, cada empresa deve possuir um fundo de maneio mínimo para enfrentar as despesas iniciais. Neste momento, já existem bancos com linhas de crédito muito vantajosas exclusivamente para franchising.
4. **Trabalho.** Comprar uma franquia diminui o risco de erros, uma vez que o modelo de negócio já foi testado. No entanto, deter o seu próprio negócio, mesmo com formação e ajuda do franchisador, não é garantia de sucesso. Tem de seguir o modelo e trabalhar ainda mais do que como funcionário por conta de outrem. Não se

esqueça de que um cliente mal atendido não volta. A boa notícia é que, como em qualquer negócio, ter uma equipa bem formada irá permitir-lhe delegar cada vez mais, ficando com mais tempo livre — quem sabe até para apostar noutra franquia.
5. **Local errado.** A escolha de um local errado é meio caminho andado para o insucesso. Neste caso, o franchisador e o franchisado devem procurar em conjunto a localização ideal, tendo em conta os seguintes fatores: se o negócio é de compras por impulso, se a renda corresponde ao valor recomendado pelo franchisador, se o seu público-alvo se encontra naquela zona, etc.
6. **Perfil do franchisado.** A seleção de um franchisado trabalhador, determinado e com um perfil comercial é muito importante para o franchisador. O franchisado, por sua vez, deve considerar escolher um setor com o qual se identifique e no qual goste de trabalhar, e não apenas a marca ou o retorno da mesma.
7. **Estar presente.** Comprar uma franquia e não estar presente não funciona. Pelo menos nos dois primeiros anos, é vital que seja o próprio franchisado a administrar o negócio. Apesar de este ser um negócio testado, é fundamental cumprir com rigor as técnicas do franchisador, conhecer as dificuldades do dia a dia, poder dar *feedback* à rede e conhecer os seus clientes.

2.1.1 RAZÕES PARA FRANCHISAR

Uma expansão rápida do negócio a baixo custo — esta frase sintetiza os motivos que conduzem muitos empresários a franchisar o seu negócio. A administração de um rede de unidades em franchising permite ao franchisador cobrir um amplo território, nacional ou internacional, fazendo uso da experiência dos seus franchisados no local, o que se traduz em mais clientes, mais notoriedade e, claro, mais lucros para a empresa.

Porém, não são só os fatores económicos que levam muitos empresários aos escritórios dos consultores de franchising. Inúmeros potenciais franchisadores apresentam as mais diversas razões para recorrer a este modelo de expansão — resta ao consultor decidir se os seus motivos são os mais corretos antes de se envolver no processo de formatação do negócio.

Os franchisadores são motivados por fatores económicos e racionais para criar uma rede a partir do seu negócio, mas também sociais e comportamentais. Os motivos económicos enquadram situações como o aumento do lucro, a redução dos custos, estandardização dos produtos e a criação de economias de escala: razões fortes para apostar no franchising. Já os fatores sociais são o reconhecimento e o estatuto que derivam da rápida expansão da empresa.

Uma teoria amplamente difundida no mundo do franchising é a Teoria da Escassez de Recursos, inicialmente desenvolvida por Oxenfeldt e Kelly em 1969, que defende que a existência de franquias é resultado da escassez de recursos do franchisador, ou seja, que as empresas preferem expandir-se através de unidades próprias, mas que acabam por apostar no franchising devido à falta de capital. O franchising resolve estas questões de uma só vez: é uma fonte de rendimento para a empresa e permite a sua expansão, restringindo ainda o aumento da concorrência.

A segunda linha de pensamento que tenta explicar o motivo que leva os empresários a incrementarem o seu negócio através de franquias é a Teoria da Agência, desenvolvida em oposição à Teoria da Escassez de Recursos por inúmeros autores, como Mathieu, Rubin e Norton, para mencionar apenas alguns.

De acordo com esta teoria, o crescimento em franchising justifica-se não pela escassez de recursos, mas, sim, porque a monitorização de unidades franchisadas implica menos custos do que a manutenção de unidades próprias.

Mathieu defendeu, em 1997, que a expansão de uma empresa através de «agentes» traz sempre dois problemas: a seleção adversa, ou seja, o empresário não consegue determinar à partida se o agente tem capacidade para executar o seu trabalho; e o perigo moral, que se refere à dúvida que emerge muitas vezes no empresário perante a necessidade de analisar se o agente se esforçou ao máximo no cumprimento das suas funções. As aplicações da Teoria da Agência sugerem que se o agente detiver parte da empresa, o risco de seleção adversa e de perigo moral diminuem, porque este se torna diretamente dependente das suas ações e do seu desempenho. Isto, em parte, ajuda a explicar o sucesso do franchising.

Independentemente das razões que conduzam os empresários a franchisar a sua ideia, os consultores do setor consideram que há motivações certas e erradas para a adoção deste modelo de negócio, o que pode ajudar a explicar tanto o sucesso como o fracasso de determinados conceitos.

FRANCHISAR UMA EMPRESA

Motivos certos:
* Achar que o franchising é uma forma de fortalecer a sua marca.
* Querer fazer a empresa crescer sem grandes custos adicionais.
* Olhar para os franchisados como pessoas que vão tomar conta do seu negócio.

Motivos errados:
* Pensar que vai ganhar dinheiro rápido, sem trabalhar.
* Achar que qualquer pessoa interessada no seu negócio pode ser uma boa adição (o perfil do franchisado é muito importante, assim como a zona geográfica).
* Correr riscos em operações não testadas pela empresa-mãe, realizando «testes» na rede de franchisados.

Em adição, os franchisadores devem também «sacudir» dois mitos habitualmente associados ao franchising:

Qualquer um pode ser franchisado
Ouve-se dizer com alguma frequência que basta abrir uma franquia para que um conceito seja um sucesso. Sim, já foi dito e provado que um

negócio em franchising tem menos riscos, visto que se encontra testado. No entanto, como em todos os negócios, os riscos existem. A garantia e a segurança concedidas pelo franchising têm como contrapartida maiores riscos na escolha da localização e, principalmente, na selecção do franchisado. Ou seja, o franchisado recebe a «receita do bolo», mas depois é preciso esforço, dedicação e entusiasmo, que só irão aparecer se houver identificação pessoal com o negócio que escolher.

Basta uma franquia forte e sustentável para ter sucesso

O franchisador deve evitar que a sua marca se torne obsoleta. Há que insistir na boa publicidade e *marketing*, e, acima de tudo, estar sempre atento ao mercado e introduzir inovações, como novos produtos e/ou serviços. Esta afirmação é particularmente verdadeira na época em que vivemos, em que novas marcas brotam do ar e tudo muda rapidamente. O consumidor é fiel à marca até que surja outra mais inovadora. Por isso, é obrigação do franchisador estar à frente da concorrência.

2.2 A DISPONIBILIDADE FINANCEIRA DO FRANCHISADOR

São demasiados os casos de franchisadores que só se apercebem de que o seu negócio não está a render quando resolvem expandi-lo. Até lá, nunca haviam feito as contas. Esta situação, mais frequente do que se imagina, e completamente evitável, ilustra bem que o problema nem sempre está no conceito de negócio em si, mas na falta de conhecimento do franchisador e na ausência de uma clara estratégia de avaliação de resultados.

Longe vão os dias em que os clientes forneciam sem hesitação as suas declarações de IRC aos consultores de franchising. Hoje, ao iniciar uma colaboração com um cliente novo, é importante esclarecer todos os dados relativos à operação da empresa, recorrendo, se necessário, a uma pequena investigação de mercado. Os consultores de franchising devem pedir sempre aos futuros clientes que sejam sinceros quando lhes fornecem os valores da operação, porque quanto mais realista for a sua análise, mais realistas serão as hipóteses da empresa e dos seus futuros franchisados.

Quando se exige disponibilidade financeira ao franchisador, está-se, na verdade, a sublinhar a necessidade de construir uma rede com base numa empresa estável: expandir o negócio não pode ser visto como uma «fuga para a frente», ou seja, não deve ser uma forma que o franchisador encontrou para pagar o investimento que colocou até então na empresa. Antes de ter franchisados, o franchisador tem de, obrigatoriamente, gastar dinheiro na construção da marca.

A ética também entra nesta equação — vender um modelo de negócio que não tenha sido corretamente testado e provado, ou que não seja absolutamente sólido do ponto de vista financeiro e comercial, é desonesto. Mais uma vez, é importante lembrar que há quem gaste as economias de uma vida para abrir uma unidade em franchising. Se o modelo de negócio não for robusto, a rede não tem alicerces para ser bem sucedida.

Enquanto líder, é especialmente importante que o franchisador tenha capacidade financeira para facilitar a vida aos seus franchisados em caso de dificuldades inesperadas, assegurando a completa estabilidade da rede. Por outro lado, essa disponibilidade monetária pode também ser útil quando há um encerramento imprevisto na rede. Se o franchisador tiver capacidade financeira, pode, por exemplo, ficar com a unidade até que apareça outro franchisado. Isto é essencial para assegurar a permanência da unidade na rede, já que, por vezes, até uma mudança de localização pode repercutir-se negativamente no negócio.

Infelizmente, quem pretende formatar o seu conceito não costuma preocupar-se com as questões éticas, financeiras e de liderança essenciais ao seu sucesso. Poucos são os futuros franchisadores que têm uma ideia concreta de como o franchising realmente funciona, de como podem expandir a sua empresa ou até de qual vai ser o valor dos seus direitos de entrada. A maioria das pessoas traz consigo apenas uma pergunta: «Como é que funciona isso do franchising?».

É natural que o franchisador se foque imediatamente nos direitos de entrada porque esse vai ser o seu ganho com a franquia, mas, para ter sucesso, há que avaliar qual será a rentabilidade do negócio para cada franchisado, bem como estimar o tempo que este vai demorar a recuperar o seu investimento.

Os direitos de entrada justificam-se mediante o retorno que o franchisado vai ter. Por isso, a forma mais correta de os avaliar é passar a pente fino os dados da empresa e estabelecer um valor justo e equilibrado entre estas duas questões: o preço da franquia e a rentabilidade de cada franchisado.

Relativamente aos direitos de entrada, é também importante frisar que os valores mudaram muito ao longo dos anos. Salvo alguns setores de atividade mais complexos e que exigem maior aquisição de material, como a restauração, o valor do investimento em direitos de entrada ronda hoje em média os 5 000 a 10 000 euros. Se alguma marca lhe disser que não cobra direitos de entrada, desconfie: eles estarão lá, ainda que possivelmente diluídos nos valores do investimento inicial.

Quais vão ser os investimentos feitos no seu negócio?

- Estruturação do sistema de franchising (organização, formatação, comercialização, suporte de gestão).
- Investimento em máquinas, produtos, distribuição, etc.
- Consultoria técnica (exemplo: *software*).
- Cursos de formação de pessoal.
- Criação da marca (com recurso à contratação de um *designer*).
- Montagem da unidade-piloto.
- Participação em feiras, publicidade especializada, etc.
- Desenvolvimento de novos produtos/serviços; possibilidade de pesquisa no local.
- Estudo de novos mercados, sejam eles locais, regionais ou internacionais.
- *Marketing*, comunicação, assessoria de imprensa.

2.3 O MEU NEGÓCIO É FRANCHISÁVEL?

Por muito bom que seja o perfil do franchisador e a sua capacidade financeira, de nada servem se este não vender produtos ou serviços da mais alta qualidade e que sejam atrativos para os clientes. Certos serviços intangíveis, como, por exemplo, a própria consultoria, são mais difíceis de vender. Por outro lado, serviços e produtos palpáveis falam por si e são mais apelativos para o cliente comum. Tangíveis ou não, se os produtos não tiverem qualidade, o seu negócio não irá vingar.

Em franchising, é também importante avaliar até que ponto se está somente a embarcar numa moda. Portugal assistiu a muitas, desde as parafarmácias às lojas de venda de ouro, passando pelas imobiliárias. É importante lembrar — há negócios com prazo de validade associado.

Há um conjunto de questões que deverá colocar a si próprio antes de pensar em franchisar o seu negócio. Encare-as como um teste de resistência à capacidade de atração e replicabilidade do seu conceito, bem como ao seu próprio perfil enquanto empresário.

EXERCÍCIO — QUAL É O SEU OBJETIVO DE NEGÓCIO?

Responda às seguintes questões e estabeleça os seus objetivos.

A zona geográfica do seu negócio está:
1. Definida;
2. Definida, mas não consta do contrato;
3. Definida em contrato e os critérios de expansão estão pormenorizados.

Qual é a sua motivação para franchisar a sua empresa?
1. Escoamento de produtos;
2. Estratégia de crescimento mais rápida e de baixo custo;
3. Diferenciação nos negócios;
4. Desenvolvimento da empresa através de elementos diferenciadores.

Que benefícios espera alcançar?
1. Cobertura de todo o país ou de uma determinada zona geográfica;
2. Reduções significativas com funcionários / custos;
3. Acesso a uma economia de escala;

Descreva as vantagens e desafios que prevê encontrar no processo de abertura/formatação do seu negócio em franchising.

Reveja as suas respostas. Como é que se vê agora? Como um franchisador ou franchisado? Nenhum dos dois? Justifique abaixo a sua resposta.

2.4 SEIS PERGUNTAS INFALÍVEIS ANTES DE FRANCHISAR O SEU NEGÓCIO

As questões abaixo fazem parte de um exercício de sintetização que pretende avaliar o potencial de conversão do seu negócio em franquia. São seis questões simples, mas incisivas, e que devem ser respondidas por qualquer empreendedor que se queira aventurar no mundo do franchising.

Caso consiga encontrar soluções para estas perguntas, pode depois aprofundar a sua avaliação com o exercício seguinte, que coloca questões de âmbito mais prático para a criação de uma rede de franquias.

Mas, antes, há que definir dois aspetos essenciais:
- O conceito de negócio. Qual é a sua ideia, o que é que vende ou que serviços presta?
- O que é que pretende desenvolver?

Com o seu conceito e objetivo plenamente definidos, poderá então passar às questões infalíveis que terá de responder antes de franchisar o seu negócio:

1. O seu negócio (produto/serviço) tem muita procura?

O seu negócio tem procura no mercado? Tem clientes em todo o país e gostava de estar mais perto deles, oferecendo assim um serviço mais personalizado? Fez um estudo de mercado para avaliar a concorrência? Quantas empresas oferecem o mesmo produto/serviço? Estas são apenas algumas das questões a que deverá responder antes de franquiar o seu negócio.

Neste âmbito, resta uma nota relativa ao tempo de operação: é muito difícil — e desaconselhável — franchisar negócios com menos de um ano de atividade por questões de consistência de serviço e de procura. Contudo, se os seus clientes revelarem interesse na expansão do seu negócio e na abertura de mais unidades, este é um bom indicativo de que deverá avançar para o franchising.

2. O que distingue a sua marca das outras?

No fundo, esta é a questão que aborda a diferenciação da sua marca. Qual é a *unique selling proposition* (USP) ou preposição única de venda do seu negócio, ou seja, em que é que este é diferente e o que é que oferece de inovador? Qual é a sua mais-valia? Porque é que os franchisados devem optar pela sua franquia?

Se conseguir dar respostas válidas a todas estas questões, o franchising pode ser uma boa opção para a sua empresa.

3. O seu negócio é replicável?

Hoje em dia, a grande maioria dos conceitos de negócio já são replicáveis, pois vivemos num mundo globalizado. Ainda assim, é importante responder à seguinte questão: consegue recriar o seu negócio e fornecer os seus produtos ou serviços com qualidade noutras localizações?

Se a resposta for «sim», pode avançar para o passo seguinte: consegue transmitir com exatidão aos futuros franchisados as tarefas a desempenhar? Esta é a verdadeira questão, até para o empresário mais organizado, já que por muito bem que consiga fornecer o seu produto ou serviço, se não conseguir transmitir esse conhecimento ao franchisado, não lhe irá servir de nada. Como todos os elementos do negócio têm de ser replicados pelos franchisados, é fundamental que os procedimentos e ações no papel sejam completamente claros, até para quem nunca teve contacto com o seu tipo de produto.

4. Capital próprio/Financiamento

Tem capacidade para promover o seu negócio e estabelecer uma rede? Mais do que o investimento que destinou à criação do conceito, replicar o seu negócio exige capital para *marketing*, promoção do franchising e contratação de *designers*, consultores e advogados, entre outros.

Pode ter o melhor negócio do mundo, mas se este não for divulgado irá permanecer na gaveta. Por isso, é preciso capital.

Depois de definir o seu formato de franchising, terá de começar a promovê-lo através da participação em feiras de franchising, criação de um *site* novo e atualizado (de preferência, já com as condições de acesso ao franchising bem explícitas e com os contactos da pessoa encarregue pela expansão dentro da empresa) e da promoção em redes sociais e portais de franchising, entre outras táticas.

A promoção funciona de modo muito semelhante aos negócios: não há retorno sem investimento.

5. Sabe definir o seu franchisado ideal?

Tal como na escolha do franchisador, a seleção do franchisado ideal envolve uma série de características pessoais e profissionais. O franchisado ideal é aquele que tem dinheiro para investir, mas, sobretudo, alguém que se identifica com a marca, é dinâmico e cumpre todos os requisitos e procedimentos exigidos.

Uma vez identificado este perfil, é fulcral realizar uma escolha criteriosa, consciente e informada, avaliando rigorosamente o grupo de candidatos a franchisados que possa surgir.

6. A pergunta para «um milhão de dólares»

A questão «O que é que o levou a franchisar a sua marca?» faz parte dos cadernos de todos os consultores de franchising e é uma das mais colocadas em escritórios da especialidade por todo o País. Por isso, é fundamental respondê-la com sinceridade.

Assegure-se de que vai franchisar o seu negócio pelas razões certas e de que não se trata somente de uma forma rápida de fazer dinheiro. É o nome da sua marca que está em jogo.

Além disso, tenha em conta que liderar uma marca própria é muito diferente de administrar uma rede de franquias — são dois negócios completamente distintos.

EXERCÍCIO – PLANEAR UMA FRANQUIA

Este é um desafio que servirá de preparação para a conversão e planificação de um negócio em regime de franquia.

As 20 perguntas que se seguem são da maior relevância, pois permitem efetuar uma avaliação preliminar bem estruturada tanto da empresa que quer franquiar, como das pessoas que poderão estar envolvidas no processo. Poderá aprofundar esta análise inicial com a realização de uma matriz SWOT ou através de outras ferramentas úteis, que serão aprofundadas nos próximos subcapítulos.

Responda às seguintes questões:

1. A sua marca é registada? Qual é o número do seu registo Instituto Nacional da Propriedade Industrial? Está registado em que categorias e no âmbito português ou também europeu?
2. Já está a trabalhar na elaboração de planos de formação formais e informais? De quanto tempo é que acha que precisa para transmitir o seu *know-how* ao franchisado?
3. Já tem os manuais operativos escritos?
4. Qual é a experiência profissional anterior dos seus sócios? (Caso tenha sócios.)
5. Faça uma pequena descrição dos produtos que importa, fabrica ou revende. Se se tratar de uma empresa de serviços, descreva a sua oferta, quer esta seja prestada diretamente aos seus clientes ou por intermédio de terceiros.
6. Qual é o seu público-alvo? Lembre-se de que existem três tipos de mercados: o mercado promissor ou emergente, o mercado durável e o mercado pouco vulnerável.
7. Como distribui os seus produtos ou como oferece os seus serviços? Quantas unidades possui (ou filiais)? Há quanto tempo existem? Onde estão localizadas?

8. Já tem ideia de quanto pode custar a sua franquia? É chave-na-mão ou não? (Exemplos: equipamento, *stock*, publicidade e *marketing*, *software*, etc.)
9. Quantos funcionários são precisos para a sua franquia?
10. Tem algum funcionário que poderia assumir o início do processo de franchising? Quais são as funções que esta pessoa ocupa atualmente? Avalie os seus funcionários: é melhor contratar uma pessoa diferente para o cargo?
11. Qual foi a faturação ou margem de lucro média (líquida) no último ano ou nos últimos seis meses?
12. Quanto gasta mensalmente em publicidade? Quais os principais meios utilizados? Como avalia os resultados obtidos?
13. Qual o valor despendido anualmente em formação? Quem dá essa formação? Pessoas internas ou externas à empresa?
14. Quantas novas unidades prevê abrir no ano seguinte à criação da franquia?
15. Como vai calcular os custos de venda de produtos ou serviços? O preço seria igual em todo o país ou poderia sofrer alterações (lei da oferta e da procura)?
16. Qual é o tempo de *payback* (prazo estimado de retorno do investimento em meses)?
17. Quem são os seus principais concorrentes diretos? E indiretos?
18. Que tipo de serviços pretende fornecer ao franchisado? Esses serviços vão ter um custo ou estão incluídos na franquia? (Exemplos: ajuda no financiamento, licenças camarárias, etc.)
19. Que inovações tecnológicas pretende usar? (Exemplos: aplicação, *e-commerce*.)
20. Já fez as contas para saber quanto poderá investir na estruturação da sua franquia?
21. Refira outras informações que considere relevantes.

2.5 ANÁLISE SWOT

A análise SWOT é uma ferramenta simples e transversal, que pode ser aplicada a todo o tipo de negócios e projetos, permitindo efetuar uma análise do ambiente e elaborar um planeamento estratégico.

O acrónimo de língua inglesa SWOT significa *strengths*, *weaknesses*, *opportunities* e *threats*, ou seja, forças, fraquezas, oportunidades e ameaças — são estes os aspetos que vão ser alvo de avaliação numa análise SWOT.

O empreendedor pode tomar decisões informadas através da utilização desta ferramenta, já que a análise SWOT proporciona um diagnóstico completo sobre a empresa e o meio em que esta opera. Permite, por isso, antecipar cenários, perceber o nosso posicionamento relativamente à concorrência, indicar alternativas e facilitar a tomada de decisões.

Enquanto as forças e fraquezas lhe darão dados sobre o meio interno do projeto ou empresa, ou seja, relativamente ao que pode controlar, as oportunidades e ameaças farão com que olhe para o meio externo, que se encontra fora do seu domínio. No entanto, apesar de não controlar os elementos exógenos ao seu negócio, é essencial que os conheça e vigie para tirar partido das vantagens e evitar as ameaças.

ANÁLISE SWOT

Meio interno	Forças	Fraquezas
	Ex: *Know-how* e experiência, ótimas qualificações, boa reputação, negócio inovador.	Ex: Fraca formação, funcionários descontentes, poucos clientes, falta de lucro, pouca visibilidade.
Meio externo	Ex: Tendências favoráveis ao negócio, ausência de concorrência, surgimento de novos mercados, lançamento de novos produtos.	Ex: Conjuntura económica desfavorável, aumento de impostos, aumento da concorrência.

EXERCÍCIO:

Responda abaixo às seguintes questões para realizar uma análise SWOT do seu projeto.

No que diz respeito às **forças**:
- Quais são as mais-valias da sua empresa?
- Entre estas, qual é a mais forte ou a mais diferenciadora?
- O que é que torna a sua empresa melhor do que a concorrência?
- Tem uma clientela forte?
- Que elogios são feitos mais frequentemente à sua empresa?
- Os seus funcionários são qualificados?
- Tem experiência na área em que opera?

Relativamente às **fraquezas**:
- Que áreas precisa de melhorar dentro da empresa?
- O seu nível de formação pode ser melhorado? E o dos seus funcionários?
- O que é que precisa de evitar para que a sua empresa funcione sem problemas?
- Tem fundos suficientes para este projeto?
- Vende o suficiente?
- Sente que a concorrência está à sua frente?

Passando para o meio externo, poderá começar por avaliar as **oportunidades**:
- Que mudanças externas lhe trarão oportunidades?
- Quais são as tendências atuais no seu setor?
- Estas tendências podem afetá-lo positivamente?
- Pode preencher uma lacuna no mercado?
- Pode conquistar clientes aos seus rivais com um produto ou serviço melhor?

Finalmente, as **ameaças**:
- Quais são os aspetos negativos do mercado atual?
- Que obstáculos está a encontrar no dia a dia?
- Os gostos dos seus clientes estão a mudar?
- Sente que os seus funcionários estão satisfeitos?
- Estão previstas novas leis que possam afetar o seu negócio?
- A conjuntura internacional é positiva para o seu negócio?
- Estão a surgir novos serviços ou empresas concorrentes?

A análise SWOT da empresa irá surgir da resposta a todas estas questões. Esta avaliação poderá ser elaborada em simultâneo com a análise DISC e com o estudo de viabilidade económica e financeira, que serão abordados nas próximas páginas, mas também em qualquer altura da sua carreira, sempre que sentir necessidade de olhar para o panorama geral.

2.5.1 OUTRAS FERRAMENTAS ÚTEIS

Além da análise SWOT, existem ainda três técnicas que lhe permitirão avaliar o seu estilo de gestão, gerir a forma como comunica com os outros e olhar para o quadro geral da sua firma — a análise DISC, o modelo de comunicação pessoal do psicólogo Albert Mehrabian e o Business Model Canvas. Outra opção é recorrer à ajuda de um *coach*, cujo alcance é explicado nas próximas páginas por Miguel Beirão, *consulting manager* da *I Have The Power*.

- **Análise DISC**

Criado pelo psicólogo estado-unidense William Moulton Marston em 1920, o método DISC é um dos modelos de avaliação comportamental mais utilizados em processos de recrutamento. Esta técnica avalia quatro aspetos do comportamento humano e indica padrões de atuação em contextos específicos.

Os aspetos avaliados são:
- *Dominance* (dominância) — controlo, poder e assertividade. Indica como as pessoas lidam com os desafios.
- *Influence* (influência) — relações e comunicação com os outros. Avalia o grau de influência que a pessoa consegue ter nos outros.
- *Steadiness* (estabilidade) — paciência, persistência e resiliência. Pessoas com bons níveis de estabilidade adaptam-se melhor aos desafios, não se deixando afetar.
- *Conscientiousness* (conformidade) — estrutura e organização. Identifica como o indivíduo se comporta face a regras e procedimentos.

A conjugação destes diferentes aspetos resulta em 12 tipos de liderança, três para cada uma das principais características identificadas. Os líderes de alta dominância e de alta conformidade são orientam-se mais para os resultados, enquanto os líderes de alta influência e de alta estabilidade se concentram nas pessoas.

Alta liderança: líderes tornar focados nos resultados e decisões a tomar. Podem correr o risco de se tornarem avassaladores no seu estilo de gestão. Dividem-se em três tipos — direcionador, desbravador e empreendedor.

Alta influência: mais comunicativo e capaz de criar boas relações com os seus funcionários. Valoriza a união e o espírito de equipa e divide-se em três perfis — comunicador, influenciador e gestor.

Alta estabilidade: este é um perfil mais amigável e, por vezes, paternalista. Divide-se em acolhedor, estruturador e observador. Podem, por vezes, ter dificuldade em dizer «não» à sua equipa.

Alta conformidade: engloba três tipos de líder — o regulador, o analisador e o criterioso. É um líder mais cuidadoso e metódico, muito ligado às normas da empresa, o que pode, por vezes, minimizar a capacidade de inovação da mesma.

- **Modelo de comunicação do professor Albert Mehrabian**

O professor de psicologia Albert Mehrabian estudou a importância da comunicação não-verbal nos anos 1970. As suas conclusões foram amplamente difundidas e criaram uma nova forma de abordar a comunicação humana. Muito resumidamente, Mehrabian chegou à conclusão de que a importância do não-dito é muito maior na nossa comunicação do que aquilo que se pensava.

Elaborou assim o modelo de comunicação 7 — 38 — 55, que estabelece a importância do conteúdo, linguagem verbal e do tom de voz para a nossa comunicação. Segundo Mehrabian, as palavras que dizemos têm um peso de 7% na nossa comunicação, ao passo que o tom de voz equivale a 38% e a linguagem corporal é responsável por 55% do que transmitimos.

Esta regra, aparentemente simples, pode ser a chave para a resolução de inúmeros mal-entendidos comunicativos, quer na vida pessoal, quer na vida institucional. Aplique-a sempre que falar com os seus funcionários, parceiros e concorrentes, para uma comunicação mais fluída e eficaz.

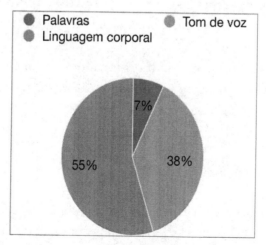

O modelo 7 — 38 — 55 do professor Mehrabian.

- **Business Model Canvas**

O *Business Model Canvas* (ou quadro de modelo de negócios) é uma técnica criada pelo consultor suíço Alexander Osterwalder que lhe permite visualizar todo o negócio numa única página, de forma intuitiva e rápida.

Deste diagrama fazem parte nove blocos: parcerias-chave, atividades--chave, recursos-chave, proposta de valor, relações com clientes, canais, segmentos de mercado, estrutura de custos e fontes de renda. Escreva estes elementos numa folha dividida em nove colunas e ficará com um resumo do seu negócio à disposição, numa única página.

Uma combinação de plano de negócios e análise SWOT, mas de grande utilidade para quem pretende concluir uma análise sucinta e célere da empresa, o quadro de modelo de negócios pode ser realizado durante qualquer dilema empresarial, facilitando a visão global de um problema particular.

- *Coaching*

Se é verdade que os consultores de franchising acabam muitas vezes por assumir funções semelhantes às de um *coach*, também é verdade que, por muito que tentem, não conseguem substituir o trabalho de um profissional bem formado da área. MIGUEL BEIRÃO, *consulting manager* da I Have The Power, empresário, *coach* com dupla certificação internacional, consultor de empresas e orador motivacional, explica no seguinte texto as mais-valias deste método, que é particularmente útil quando aplicado ao franchising.

A *I Have The Power* é membro-fundador do Portuguese Coaching Group, é internacionalmente acreditada pela Association for Coaching e pela Society of Neuro-Linguistic Programing.

OS BENEFÍCIOS DO *COACHING*

O *coaching* não é uma metodologia de «modas», cada vez mais há solicitações para aplicar estas ferramentas em diversas áreas, sejam elas numa vertente pessoal ou empresarial.

A velocidade com que se vive hoje em dia, principalmente nos centros urbanos, e as consequentes pressões sobre o ser humano e negócios, induzem, entre outros fatores, sentimentos de frustração, ansiedade, fracasso antecipado e uma falta de tempo. Temos de estar sempre acessíveis, sempre *online*, sempre disponíveis para os clientes, para os colegas, para os franchisados, para a família, para os amigos, etc.

Colocam-se questões de extrema importância: «E eu? Quando é que vou ter tempo para mim? Para pensar? Para sonhar? Para planear? Para me dedicar a criar ou desenvolver o meu franchising?»

Ajudo empresários, pessoas e profissionais em transição de carreira, e à pergunta «O que é que quer ser, fazer e estar daqui a três, cinco ou dez anos?» são raras as que sabem o que querem ser, são raras as pessoas que se conhecem, são raras as que têm um rumo definido, são raras as que sabem o que querem ter. Até que ponto a falta de objetivos e sonhos tem impacto na vida do indivíduo?

E nas empresas? Sendo estas feitas por um conjunto de pessoas, como é possível ter sistemas de franchising inovadores e criativos, com uma visão e missão futura de crescimento sustentável? As empresas são organismos vivos num ambiente agressivo de elevada mutabilidade, os seus objetivos sofrem alterações ao longo do tempo, conforme surgem mudanças internas e externas cada vez mais globais. Quando se fala de mudanças que afetam os indivíduos e as organizações, não se pode dissociar as pessoas, os seus sonhos, crenças, valores e comportamentos.

Qual será o impacto do coaching em sistemas de franchising?

O *coaching* é um processo com princípio, meio e fim, e com objetivos definidos pelo *coachee* (cliente). Nesta parceria, o *coach* ajuda o seu *coachee* a criar uma visão de vida ou de negócio, a decompô-la em objetivos, a criar nitidez sobre o momento presente e o momento futuro, a ponderar todas as alternativas e, neste processo de autodescoberta, a encontrar e a potenciar capacidades e forças «desconhecidas» que permitam entrar em ação no sentido da superação. O *coaching* pode ser potenciado com metodologias adicionais, como a PNL — Programação Neurolinguística —, que permite obter resultados de forma mais célere.

O grande desafio é que nem sempre estes objetivos são compatíveis e harmonizáveis entre si: atingir ou cumprir objetivos organizacionais nem sempre proporciona alcançar objetivos individuais, e vice-versa. Algumas vezes, superar uns implica fracassar ou desistir de outros. É fundamental balancear a vertente profissional e pessoal. Cada indivíduo entra e permanece num franchising se acreditar que isso pode levá-lo ao alcance de determinados objetivos individuais.

O *coach* é imparcial e está obrigado a seguir um código de ética que pode ajudar os franchisadores e franchisados a encontrar um balanço saudável entre o negócio e a vida pessoal, a ponderar, de uma forma isenta, planos de negócio e estratégia empresarial, e a apoiar ao desenvolvimento e implementação do sistema de franchising, recentrando a tónica no desenvolvimento das pessoas.

Os benefícios de um processo de *coaching* para o franchisador ou franchisado dividem-se em duas vertentes, a pessoal e a empresarial.

Na vertente pessoal:
- Torna-se mais produtivo atingindo resultados de forma mais consistente.
- Adquire nitidez em relação às suas metas e valores, e segue em busca delas.
- Adquire confiança e flexibilidade.
- Aprende mais e aprende a aprender.
- Melhora a sua qualidade de vida e os seus relacionamentos.
- Torna-se mais criativa.
- Transforma-se cada vez mais na pessoa que deseja ser.
- Torna-se um modelo para os outros.
- Potencia o avanço no trabalho e melhores perspetivas a médio e longo prazo.

Na vertente empresarial:
- Mostra o compromisso da empresa em desenvolver as suas pessoas.
- Permite um investimento de longo prazo no alto desempenho.
- Melhora o trabalho de equipa.
- Fideliza os colaboradores-chave, evitando custos de reformação, perda de conhecimento e queda na produtividade com a sua saída.
- Melhora a relação custo-benefício, para alocar recursos no local certo para as pessoas que precisam deles.

2.6 ESTUDO DE VIABILIDADE ECONÓMICA E FINANCEIRA OU PLANO DE NEGÓCIOS

Uma avaliação positiva do perfil do franchisador, uma empresa com resultados sólidos e uma análise SWOT com prevalência de forças e oportunidades são o ponto de partida de qualquer parceria com um consultor de franchising. Reunidas estas condições, é seguro avançar para o processo de formatação do negócio em franchising.

Um dos primeiros passos passa por conceber um estudo de viabilidade económica e financeira ou, em alternativa, um plano de negócios. Idealmente, ambos deverão ser executados, uma vez que os planos de negócios podem ser falíveis e ficar desatualizados em poucos meses. O estudo de viabilidade económica, por seu lado, é mais complexo, concedendo informação útil sobre os aspetos a trabalhar.

Muitos potenciais franchisadores recusam inicialmente fazer este estudo porque creem que vai revelar algo de negativo sobre a sua empresa. Na verdade, o estudo de viabilidade económica ilustra com maior clareza quanto é que o franchisado vai ganhar e estabelece a média de custos fixos do negócio — informação útil para qualquer franchisador.

Geralmente, no final do estudo de viabilidade, os consultores de franchising acrescentam ainda um pequeno relatório com as conclusões finais para facilitar a análise dos resultados e mostrar objetivamente ao franchisado quanto irá pagar pela franquia, qual será o *cash-flow* previsto e qual é estimativa de retorno do investimento.

Se o consultor de franchising tiver feito bem o trabalho de casa sobre o franchisador — partindo do princípio que este não omitiu informações —, o estudo de viabilidade será sempre positivo, servindo como aliciante para a captação de potenciais franchisados.

Há estudos otimistas, pessimistas e realistas. As folhas de *Excel* aceitam todos os números que forem introduzidos, por muito verdadeiros ou falsos que sejam. Por este motivo, é particularmente importante ser honesto e realista na inserção dos valores.

Nas próximas páginas irá encontrar um exemplo de estudo de viabilidade económica e financeira e o relatório sintético correspondente para compreender com clareza quais os valores a ter em conta na elaboração desta valiosa ferramenta de análise.

2.6.1 EXEMPLO DE ESTUDO DE VIABILIDADE ECONÓMICA E FINANCEIRA DA LOJA «XXX»

Pressupostos do Projeto

Empresa: XXX					
Projecto de Investimento: Unidade Franchisada					
Unidade Monetária: Euro					
Período de Análise	n	n+1	n+2	n+3	n+4
N.º de Meses de Exploração	12	12	12	12	12
Prazos médios do Circulante					
Fornecedores (mercadorias)	30	30	30	30	30
Fornecedores (out. fornec. serv.)	15	15	15	15	15
Clientes	0	0	0	0	0
Armazenagem					
Mercadorias	15	15	15	15	15
Matérias-primas e Subsidiárias	0	0	0	0	0
Produtos Acabados	0	0	0	0	0
Detenção de Liquidez	7	7	7	7	7
Vendas para o Mercado Externo (% mês)	0%	0%	0%	0%	0%
Compras ao Mercado Externo (% mês)	0%	0%	0%	0%	0%
Taxa de Inflação	1,2%	1,2%	1,4%	1,5%	2,0%
Provisões					
Para Depreciação de Existências	0%	0%	0%	0%	0%
Para Cobranças Duvidosas	0%	0%	0%	0%	0%
Taxa de Distribuição de Dividendos	0%	0%	0%	0%	0%

Plano de Investimento

\multicolumn{3}{c}{Descrição do Investimento}		
N.º Ordem	Rubricas de Investimento	Valor
1	Direitos de Entrada	5 000 €
2	Adaptação Infraestruturas*	2 450 €
3	Equipamento Informático	150 €
4	Equipamento Básico	5 000 €
5	Outras Imobilizações Tangíveis	2 070 €
	Total do Investimento	14 670 €

* Valor de material fornecido pelo Franchisador

Neste caso, o quadro do Plano de Investimento foi realizado para um negócio que não se enquadra na descrição de «chave-na-mão». Nesta modalidade, o franchisado compra um negócio já pronto, sem necessidade de investimento adicional. Assim, foi realizada uma estimativa do investimento necessário, sem considerar os direitos de entrada, para aproximar o estudo à realidade do franchisado.

Investimento

Investimento		n	n+1	n+2	n+3	n+4
ATIVOS INTANGÍVEIS						
Estudos e Projetos						
Assistência Técnica						
Outras Imobilizações Intangíveis		5 000 €	0 €	0 €	0 €	0 €
	Subtotal	5 000 €	0 €	0 €	0 €	0 €
ATIVOS TANGÍVEIS						
Terrenos e Recursos Naturais		0 €	0 €	0 €	0 €	0 €
Infraestruturas		0 €	0 €	0 €	0 €	0 €
Adaptação e/ou ampliação de Instalações		2 450 €	0 €	0 €	0 €	0 €
Equipamento Básico		5 000 €	0 €	0 €	0 €	0 €
Equipamento de Armazenagem		0 €	0 €	0 €	0 €	0 €
Equipamento de Laboratório e Ambiente		0 €	0 €	0 €	0 €	0 €
Equipamento Informático		150 €	0 €	0 €	0 €	0 €
Equipamento Auxiliar e Administrativo		0 €	0 €	0 €	0 €	0 €
Merchandising		0 €	0 €	0 €	0 €	0 €
Viaturas		0 €	0 €	0 €	0 €	0 €
Outras Imobilizações Tangíveis		2 070 €	0 €	0 €	0 €	0 €
	Subtotal	9 670 €	0 €	0 €	0 €	0 €
Total		14 670 €	0 €	0 €	0 €	0 €

INVESTIMENTO TOTAL		n	n+1	n+2	n+3	n+4
ATIVOS INTANGÍVEIS		5 000 €	0 €	0 €	0 €	0 €
ATIVOS TANGÍVEIS		9 670 €	0 €	0 €	0 €	0 €
FUNDO DE MANEIO						
Total		14 670 €	0 €	0 €	0 €	0 €

Investimento a Amortizar e Cálculo das Amortizações e Depreciações

Depreciações	n	n+1	n+2	n+3	n+4	Tx. Amort.	Vida Útil
ATIVOS INTANGÍVEIS							
Estudos e Projetos	-	-	-	-	-	33,33%	3
Assistência Técnica	-	-	-	-	-	33,33%	3
Outras Imobilizações Intangíveis	1 667	1 667	1 667	-	-	33,33%	3
Subtotal	1 667	1 667	1 667	-	-		
ATIVOS TANGÍVEIS							
Terrenos e Recursos Naturais	-	-	-	-	-	0,00%	0
Infraestruturas	-	-	-	-	-	10,00%	10
Adaptação e/ou ampliação de Instalações	245	245	245	245	245	10,00%	10
Equipamento Básico	714	714	714	714	714	14,29%	7
Equipamento de Armazenagem	-	-	-	-	-	14,29%	7
Equipamento de Laboratório e Ambiente	-	-	-	-	-	14,29%	7
Equipamento Informático	38	38	38	38	-	25,00%	4
Equipamento Auxiliar e Administrativo	-	-	-	-	-	10,00%	10
Merchandising	-	-	-	-	-	10,00%	10
Viaturas	-	-	-	-	-	25,00%	4
Outras Imobilizações Tangíveis	345	345	345	345	345	12,50%	6
Subtotal	1 342	1 342	1 342	1 342	1 304		
Total	3 008	3 008	3 008	1 342	1 304		

Obs. Taxas máximas permitidas por lei.

Prestação de Serviços

Prestação de Serviços e Outros Proveitos

Equipa			n	n+1	n+2	n+3	n+4
	Serviços máximos / Mês	Euros / Mês					
2 Funcionários	400	Lotação	50%	70%	80%	95%	100%
		12 800 €	76 800 €	107 520 €	122 880 €	145 920 €	153 600 €
Total de Prestação de Serviços			76 800 €	107 520 €	122 880 €	145 920 €	153 600 €

Fornecimento e Serviços Externos

Fornecimento e Serviços Externos		Valor mês	n	n+1	n+2	n+3	n+4
	Custos Fixos						
Eletricidade		75 €	900 €	911 €	924 €	937 €	956 €
Água		45 €	540 €	546 €	554 €	562 €	574 €
Material Escritório		83 €	1 000 €	1 012 €	1 026 €	1 042 €	1 062 €
Rendas e Aluguer		500 €	6 000 €	6 072 €	6 157 €	6 249 €	6 374 €
Seguros		54 €	650 €	658 €	667 €	677 €	691 €
Limpeza, Higiene e Conforto		283 €	3 400 €	3 441 €	3 489 €	3 541 €	3 612 €
Aluguer Equipamento		0 €	0 €	0 €	0 €	0 €	0 €
Trabalhos Especializados		185 €	2 220 €	2 247 €	2 278 €	2 312 €	2 359 €
Royalties		150 €	1 800 €	1 822 €	1 847 €	1 875 €	1 912 €
Taxa de Publicidade		250 €	3 000 €	3 036 €	3 079 €	3 125 €	3 187 €
Outros FSE - Fixos		128 €	1 536 €	1 554 €	1 576 €	1 600 €	1 632 €
Combustíveis		450 €	5 400 €	5 465 €	5 541 €	5 624 €	5 737 €
Comunicação		120 €	1 440 €	1 457 €	1 478 €	1 500 €	1 530 €
Conservação e Reparação		104 €	1 250 €	1 265 €	1 283 €	1 302 €	1 328 €
Ferramentas e Utensílios		450 €	5 400 €	5 465 €	5 541 €	5 624 €	5 737 €
Publicidade e Propaganda		13 €	150 €	152 €	154 €	156 €	159 €
	Total de Custos Fixos		34 686 €	35 102 €	35 594 €	36 128 €	36 850 €
Custos Variáveis							
	Total de Custos Variáveis		-	-	-	-	-
	Total de FSE		34 686	35 102	35 594	36 128	36 850
			n	n+1	n+2	n+3	n+4
Provisões							
Para Depreciação de Existências			0	0	0	0	0
Para Cobrança Duvidosas			0	0	0	0	0
	Total de Provisões		0	0	0	0	0

Custos com Pessoal

Custos com o Pessoal		Mensal	n	n+1	n+2	n+3	n+4
Encargos Sociais da Conta da Empresa							
	Segurança Social (23,75%)		23,75%	23,75%	23,75%	23,75%	23,75%
	Seguro de Acidentes de Trabalho (2%)		2,00%	2,00%	2,00%	2,00%	2,00%
	Outros Custos						
Taxa de Crescimento Real dos Salários				0%	2%	2%	2%
Funcionários Por Categoria							
Funcionário 1			1	1	1	1	1
Funcionário 2			1	1	1	1	1
	Total		2	2	2	2	2
Remunerações							
Funcionário 1		585 €	8 190 €	8 190 €	8 354 €	8 521 €	8 691 €
Funcionário 2		585 €	8 190 €	8 190 €	8 354 €	8 521 €	8 691 €
	Total de Custos c/ Pessoal + Encargos		20 598 €	20 598 €	21 010 €	21 430 €	21 859 €

Plano Financeiro e de Financiamento

Plano Financeiro

Função Financeira	n	n+1	n+2	n+3	n+4
Tx de Juro p/ Financiamento C.Prazo	8,00%	8,00%	8,00%	8,00%	8,00%
Tx de Juro p/ Financiamento M/L Prazo	3,00%	3,00%	3,00%	2,85%	2,85%
Tx Juro p/ Aplicações Financeiras	2,00%	2,00%	2,50%	2,50%	2,50%
Imposto selo s/ Juros	4,00%	4,00%	4,00%	4,00%	4,00%

Financiamento de M/L Prazo

	Utilização	Capital em Dívida de Início	Jurod c/ Imp. Selo	Reembolso	Capital em Dívida no Fim	Serviço da Dívida
Semestre 0	13 203 €	0 €	0 €	0 €	13 203 €	0 €
Semestre 1	0 €	13 203 €	206 €	1 320 €	11 883 €	1 526 €
Semestre 2	0 €	11 883 €	185 €	1 320 €	10 562 €	1 506 €
Semestre 3	0 €	10 562 €	165 €	1 320 €	9 242 €	1 485 €
Semestre 4	0 €	9 242 €	144 €	1 320 €	7 922 €	1 464 €
Semestre 5	0 €	7 922 €	117 €	1 320 €	6 602 €	1 438 €
Semestre 6	0 €	6 602 €	98 €	1 320 €	5 281 €	1 418 €
Semestre 7	0 €	5 281 €	78 €	1 320 €	3 961 €	1 399 €
Semestre 8	0 €	3 961 €	59 €	1 320 €	2 641 €	1 379 €
Semestre 9	-	2 641 €	39 €	1 320 €	1 320 €	1 359 €
Semestre 10	-	1 320 €	20 €	1 320 €	0 €	1 340 €
Proveitos e Ganhos Financeiros	1 408 €		1 971 €	2 816 €	3 344 €	3 520 €

Plano de Financiamento		Final	n	n+1	n+2	n+3	n+4
Capitais Próprios	Capital Social		5 000 €				
	Prestações Suplementares		5 000 €				
Autofinanciamento				21 516 €	51 820 €	66 277 €	88 362 €
Capitais Alheios	Empréstimos Bancários		11 883 €	9 242 €	6 602 €	3 961 €	1 320 €
	Empréstimos de Sócios		11 883 €	9 242 €	6 602 €	3 961 €	1 320 €
	Crédito de Fornecedores						
	Outros (subsídios)						
Total (s/ autofinanciamento)			16 883 €	9 242 €	6 602 €	3 961 €	1 320 €

Necessidades de Fundo de Maneio

Necessidades de Fundo de Maneio					
Cômputo da Var. das Nec. Em Fundo de Maneio	n	n+1	n+2	n+3	n+4
Despesas de Exploração	55 284 €	55 700 €	56 603 €	57 558 €	58 709 €
Saldo Mínimo de Caixa	1 477 €	2 068 €	2 363 €	2 806 €	2 954 €
Saldo de Clientes	0 €	0 €	0 €	0 €	0 €
Stock Final de Mercadorias	0 €	0 €	0 €	0 €	0 €
Saldo de Fornecedores com IVA	1 445 €	1 463 €	1 483 €	1 505 €	1 535 €
Fornecedores (Mat.Primas e Sub.)	0 €	0 €	0 €	0 €	0 €
Fornecedores (Out. Forn. Serv.)	1 445 €	1 463 €	1 483 €	1 505 €	1 535 €
Necessidades de Fundo de Maneio	32 €	605 €	880 €	1 301 €	1 418 €
Investimento em Fundo de Maneio	32 €	573 €	307 €	994 €	424 €

Demonstração da Conta Estado e Outros Entes Públicos

Demonstração da Conta Estado e Outros Entes Públicos	n	n+1	n+2	n+3	n+4
Impostos					
Sobre o rendimento					
Taxa de IRC	23,10%	23,10%	23,10%	23,10%	23,10%
Taxa de Derrama	22,00%	22,00%	22,00%	22,00%	22,00%
	5,00%	5,00%	5,00%	5,00%	5,00%
Sobre o Valor Acrescentado					
Tx média IVA s/ o Imobilizado	23,00%	23,25%	23,25%	23,25%	23,25%
Tx média IVA s/ as Vendas	23,00%	23,25%	23,25%	23,25%	23,25%
Tx média IVA s/ as Compras	23,00%	23,25%	23,25%	23,25%	23,25%
Imposto sobre o Valor Acrescentado					
IVA Liquidado (Vendas + Prestação Serv.)	17 664 €	24 998 €	28 570 €	33 926 €	35 712 €
IVA a Suportar (Compras + FSE)	7 978 €	8 161 €	8 276 €	8 400 €	8 568 €
IVA Apurado	9 686 €	16 837 €	20 294 €	25 527 €	27 144 €
Imposto sobre o Rendimento					
IRC do Exercício	2 038 €	7 386 €	9 927 €	14 205 €	15 348 €
IRC Pago	0 €	2 954 €	5 460 €	8 523 €	9 976 €
IRC a Pagar	2 038 €	4 432 €	4 467 €	5 682 €	5 372 €
Segurança Social					
Custos com o Pessoal sem Encargos	16 380 €	16 380 €	16 708 €	17 042 €	17 383 €
Encargos de conta do Pessoal (11%)	1 802 €	1 802 €	1 838 €	1 875 €	1 912 €
Encargos de conta da Empresa	4 218 €	4 218 €	4 302 €	4 388 €	4 476 €
Saldo da Conta no Fim do Exercício	22 400 €	22 400 €	22 848 €	23 305 €	23 771 €

Demonstração de Resultados Previsionais

	n	n+1	n+2	n+3	n+4
Proveitos e Ganhos					
Produtos	0 €	0 €	0 €	0 €	0 €
Prestação de Serviços	76 800 €	107 520 €	122 880 €	145 920 €	153 600 €
Variação da Produção	0 €	0 €	0 €	0 €	0 €
Outros Proveitos de Exploração	0 €	0 €	0 €	0 €	0 €
Total de Proveitos de Exploração	76 800 €	107 520 €	122 880 €	145 920 €	153 600 €
Custos e Perdas					
Custo das Mercadorias	0 €	0 €	0 €	0 €	0 €
Fornecimento e Serviços Externos	34 686 €	35 102 €	35 594 €	36 128 €	36 850 €
Custos com o Pessoal	20 598 €	20 598 €	21 010 €	21 430 €	21 859 €
Amortização do Exercício	3 008 €	3 008 €	3 008 €	1 342 €	1 304 €
Provisão do Exercício	0 €	0 €	0 €	0 €	0 €
Impostos	9 686 €	16 837 €	20 294 €	25 527 €	27 144 €
Outros Custos de Exploração	0 €	0 €	0 €	0 €	0 €
Total Custos de Exploração	67 979 €	75 546 €	79 906 €	84 426 €	87 157 €
Resultado Operacionais	8 821 €	31 974 €	42 974 €	61 494 €	66 443 €
Proveitos e Ganhos Extraordinários	0 €	0 €	0 €	0 €	0 €
Custos e Perdas Extraordinários	0 €	0 €	0 €	0 €	0 €
Resultados Extraordinários	0 €	0 €	0 €	0 €	0 €
Proveitos e Ganhos Financeiros	0 €	1 408 €	1 971 €	2 816 €	3 344 €
Custos e Perdas Financeiros	391 €	309 €	215 €	137 €	59 €
Resultados Antes Impostos	8 821 €	31 974 €	42 974 €	61 494 €	66 443 €
Impostos Sobre os Lucros	2 038 €	7 386 €	9 927 €	14 205 €	15 348 €
Resultados Líquidos	6 784 €	24 588 €	33 047 €	47 289 €	51 094 €

Análise de Viabilidade Económica e Financeira

Cômputo do *Cash-Flow*	n	n+1	n+2	n+3	n+4
Meios Libertos	21 516 €	51 820 €	66 277 €	88 362 €	
Encargos Financeiros	391 €	309 €	215 €	137 €	

Investimento

Ativo Imobilizado	-14 670 €				
Fundo Maneio		-32 €	-573 €	-307 €	-994 €
Total Investimento	-14 670 €	-32 €	-573 €	-307 €	-994 €

Valores Residuais

Ativo Imobilizado					5 949 €
Fundo de Maneio					1 418 €
Cash-Flow	-14 670 €	21 876 €	51 555 €	66 185 €	87 505 €	7 367 €
Cash-Flow atualizado	-14 670 €	19 445 €	40 735 €	46 484 €	54 629 €	4 088 €

Taxa de Avaliação	13%	
VAL	150 711 €	
TIR	185%	

Payback

Cash-Flow atualizado	-14 670 €	19 445 €	40 735 €	46 484 €	54 629 €	4 088 €
Cash-Flow atualizado Acumulado	-14 670 €	4 775 €	45 510 €	91 994 €	146 623 €	150 711 €

Balanço Previsional	n	n+1	n+2	n+3	n+4
Capital Próprio e Passivo					
Capital Próprio					
Capital	5 000 €	5 000 €	5 000 €	5 000 €	5 000 €
Prestações Suplementares	-	-	-	-	-
Reservas					
Resultados Transitados		6 784 €	31 372 €	64 419 €	111 708 €
Resultados Líquidos	6 784 €	24 588 €	33 047 €	47 289 €	51 094 €
Dividendos Antecipados					
	11 784 €	36 372 €	69 419 €	116 708 €	167 802 €
Provisões p/ Outros Riscos e Encargos	-	-	-	-	-
Dívidas a Terceiros ML Prazo					
Empréstimos Obtidos	11 883 €	9 242 €	6 602 €	3 961 €	1 320 €
Dívidas a Fornecedores de Imobilizado	-	-	-	-	-
Suprimentos	-	-	-	-	-
Outros	-	-	-	-	-
Subsídios Reembolsáveis	-	-	-	-	-
	11 883 €	9 242 €	6 602 €	3 961 €	1 320 €
Dívidas a Terceiros Curto Prazo					
Empréstimos Obtidos	-	-	-	-	-
Fornecedores	1 445 €	1 463 €	1 483 €	1 505 €	1 535 €
Estado e Outros Entes Públicos	22 400 €	22 400 €	22 848 €	23 305 €	23 771 €
Outros					
	23 845 €	23 862 €	24 331 €	24 810 €	25 306 €
Acréscimos e Diferimentos	-	-	-	-	-
Total do Capital Próprio e Passivo	47 511 €	69 476 €	100 351 €	145 479 €	194 429 €

2.6.2 EXEMPLO DE RELATÓRIO SINTÉTICO DO ESTUDO DE VIABILIDADE ECONÓMICA E FINANCEIRA DA LOJA «XXX»

Este estudo foi executado numa base previsional para cinco anos (duração habitual de um contrato de franquia) e utilizando dados fornecidos pelo franchisador para uma loja «XXX».

O investimento inicial é de 14 670 euros, que corresponde ao valor esperado de investimento da parte do franchisado para abrir uma loja «XXX». Esta soma inclui os direitos de entrada — no valor de 5 000 euros — e o imobilizado tangível (conjunto de bens e direitos necessários à atividade de uma empresa, como edifícios, máquinas, etc.).

No quadro Investimento a Amortizar e Cálculo das Amortizações, é apresentada a classificação por rubricas do imobilizado e o respetivo valor a amortizar anualmente, tendo em conta os pressupostos legais e a sua vida útil.

O valor médio projetado de prestação de serviços para o primeiro ano de atividade é de 76 800 euros, estando apenas a vender a 50% da sua capacidade.

Para os anos seguintes, é considerada uma utilização gradual ao longo dos anos, atingindo os 100% de utilização no quinto ano, tendo em conta o crescimento da carteira de clientes e de notoriedade da marca.

Relativamente aos Fornecimentos e Serviços Externos, são considerados vários custos associados à atividade normal da loja: fundo nacional de publicidade, que se destina a ações promocionais e de publicidade no plano nacional para toda a rede; *royalties*; e ainda despesas correntes, como eletricidade, água, material de escritório, renda, seguros, limpeza, higiene e conforto, vigilância e segurança e comunicações, entre outros. Os custos mais avultados estão relacionados com a prestação de serviços, nomeadamente com o combustível automóvel e com as ferramentas e utensílios necessários à prestação de serviços.

Para efetuar o investimento necessário, o franchisado necessita de financiamento através de capital alheio ou de capitais próprios. O ideal é que o franchisado disponha de capital próprio para investir, de modo que sustente o negócio no futuro.

No estudo é efetuada uma simulação para um empréstimo no valor de 13 203 euros, correspondente a 90% do investimento inicial.

Tendo em conta as taxas de juro apresentadas, o franchisado terá que pagar ao banco uma prestação semestral de 1 320 euros (Reembolso de Capital + Juros), durante dez semestres (em cinco dos cinco anos do contrato).

Estes valores pressupõem a criação de uma sociedade com um capital social de 5 000 euros (hoje em dia já não é necessário este montante).

No quadro Demonstração da Conta Estado e Outros Entes Públicos, é indicado o valor a pagar ao Estado relativamente a IVA, IRC e Segurança Social, às taxas consideradas.

Na Demonstração de Resultados são apresentados os proveitos, custos e as perdas de exploração, com base nas previsões e pressupostos efetuados.

Os resultados líquidos são obtidos através do seguinte exercício:

Resultados de Exploração + Resultados da Função Financeira – Impostos = Resultados Líquidos

Através do quadro Análise de Viabilidade Económica e Financeira, pode concluir-se que o negócio é rentável, dado o valor líquido do *cash--flow*, atualizado a uma taxa de 13%, no valor de mais de 150 500 euros.

A taxa interna de rendibilidade é o valor máximo que a taxa de avaliação pode atingir para que o negócio continue rentável, logo há uma grande margem para o aumento da taxa atual.

O capital investido é recuperado ainda no primeiro ano, ou seja, o valor acumulado do *cash-flow* atualizado passa a positivo no decorrer do primeiro ano de atividade.

No último quadro é apresentado um balanço previsional, elaborado com base nos pressupostos e valores obtidos neste estudo.

Todos os dados e factos utilizados no relatório apresentado foram obtidos de fonte segura. Porém, não se assume nenhuma responsabilidade pela precisão da informação.

Esta análise é baseada em factos e condições existentes à data da análise, não considerando eventos subsequentes.

Certifica-se no melhor do conhecimento e boa-fé:
- As análises, opiniões e conclusões são limitadas apenas pelos pressupostos e condições.
- Não temos nenhum interesse presente nem prospetivo na propriedade do assunto que trata este relatório, nem temos nenhum interesse pessoal no que respeita às partes envolvidas.

Os valores apresentados neste estudo estão sempre dependentes do desempenho mostrado pelo franchisado no desenrolar da atividade.

2.7 DOSSIÊ INFORMATIVO

O dossiê informativo consiste numa apresentação escrita que tem como objetivo dar a conhecer os principais aspetos do negócio aos potenciais franchisados. Pode ser o primeiro contacto que o potencial franchisado tem com a marca e, por isso, deve ser informativo, conciso e chamativo do ponto de vista gráfico, sublinhando as mais-valias do negócio e a história da empresa. É imprescindível que descreva os produtos ou serviços vendidos pela firma, que ilustre o aspeto desejável das unidades da rede, o tipo de perfil de franquiado pretendido e os pontos fortes da marca.

Vantagens para o franchisado — exemplo de página de dossiê informativo. O logótipo da empresa foi removido propositadamente neste caso, mas deve constar da página.

Assim, o dossiê informativo deve incluir:
- Imagens ou, pelo menos, o logótipo da empresa.
- Quem somos — uma explicação de como surgiu a empresa, quando, onde estão localizadas as suas unidades e qual é a sua mais-valia.
- As nossas instalações — imagens em 3D ou fotografias das unidades. É importante que o potencial franchisado consiga visualizar o que pode vir a ser o seu negócio.

- Os nossos serviços — descrição pormenorizada do que oferecem.
- O franchising – a história da atividade da empresa em franchising e qual a motivação por detrás da adoção deste sistema.
- Plano de investimento — pequeno quadro de investimento (imagem abaixo) em que estão descritas as várias rubricas com os valores dos direitos de entrada, *royalties,* taxa de publicidade, equipamento informático, etc.
- Perfil do franchisado — qualidades que procura no futuro franchisado e as vantagens que este terá ao aderir à sua franquia (imagem acima).
- Destacar o elemento diferenciador do negócio — por exemplo, um negócio que funcione através de uma *app* (explicar como funciona, quais as vantagens, etc.).
- Os seus contactos e redes sociais.
- Sugestão — colocar entre as diferentes páginas algumas frases-chave ligadas à sua atividade ou com números do setor no âmbito nacional e/ou internacional. Um bom *design* é fundamental.

O Franchising

Plano de Investimento

Direitos de entrada	10.000 €
Adaptação das infraestruturas	3.550 €
Equipamento informático	5.000 €
Equipamento básico	9.400 €
Outras imobilizações tangíveis	1.950 €
TOTAL DO INVESTIMENTO	29.900 €

Royalties	200 € P/ Carrinha
Taxa de publicidade	150€ (após o primeiro ano)

Quadro de investimento — exemplo de página de dossiê informativo.

Reunidas estas duas ferramentas — o estudo de viabilidade económica e o dossiê informativo —, poderá começar a promover o negócio em portais de franchising e nas redes sociais.

Como já mencionado, é importante que tenha alocado uma parte do seu orçamento para a promoção da rede, o que lhe poderá custar algumas centenas de euros, dependendo da plataforma pretendida.

2.8 MANUAIS DE FRANCHISING

Os manuais de franchising são ferramentas fulcrais entregues pelo franchisador aos seus franchisados, que definem todos os procedimentos que estes terão de replicar no seu negócio, reunindo informação sobre fornecedores, *layouts* de loja e conduta apropriada nas redes sociais.

São disponibilizados à parte — porque o contrato de franchising já tem páginas suficientes — e evitam que o franchisado contacte desnecessariamente o franchisador. A ideia é autonomizar o franchisado em todas as operações relacionadas com a marca e gestão do negócio.

2.8.1 MANUAL OPERATIVO

O manual operativo ou operacional é o mais importante do conjunto de manuais porque contém informação sobre o dia a dia do negócio, ou seja, tudo — mas tudo — o que o franchisado tem de fazer diariamente para se manter de portas abertas, desde encomendas a horários de funcionamento.

É o manual que deve transmitir todo o saber-fazer ao franchisado. Desta forma, começa por explicar as funções do franchisado e as vantagens de se optar por uma franquia, passando depois a uma explicação da formação, apoio e acompanhamento concedidos pela rede, e indicações de como serão feitas as encomendas ou realizados os serviços. Os manuais operativos do negócio devem incluir as várias vertentes da vida da empresa, desde o pré-arranque, passando pelos procedimentos e gestão do negócio, *software*, *marketing* e gestão de clientes.

O manual operativo define o papel ativo do franchisador, as ações promocionais da rede e, claro, a sua política de recursos humanos. O objetivo é ensinar o franchisado a seguir no dia a dia a receita de sucesso do franchisador e garantir que, em situações excecionais, este receberá apoio contínuo da rede.

Por vezes, engloba ainda o manual de gestão do negócio. É neste que são incluídas informações sobre recursos humanos, contratação e seleção de novos funcionários, qual o valor dos salários a pagar, contribuições para a Segurança Social e impostos pagos ao Estado, entre outras informações relativas à administração da empresa.

Embora numa primeira fase o franchisador possa ajudar os seus franchisados nestas decisões, é nos manuais que vão estar estipulados os critérios de recrutamento, apoios existentes à contratação, etc. Na verdade, o manual pode mesmo incluir um contrato-tipo que poderá ser empregue pelo franchisado no seu processo de recrutamento.

Nele constam ainda as descrições das funções dentro da empresa e um organograma com as tarefas de cada funcionário, bem como outros aspetos legais, administrativos, financeiros e contabilísticos. Quanto a este último ponto, o manual de gestão do negócio determina como é feito o controlo administrativo em todos os passos, da caixa ao banco, passando pelos salários, contabilidade e impostos, entre outros. Deve também incluir os relatórios que terão de ser feitos ao franchisador, contendo informação sobre datas e detalhando o modo como esta informação deverá ser transmitida.

Por fim, é também no manual do negócio que se faz referência ao *software* de gestão a utilizar pelo franchisador com a finalidade de facilitar o processo de gestão da unidade franchisada.

Os manuais operativos do negócio e documentação de apoio

A) Dossiê de negócio e manual de pré-abertura

O dossiê de negócio inclui todas as informações necessárias para uma prévia análise do negócio por parte do interessado no franchising. Os elementos do dossiê de negócio são:
– Carta de apresentação.
– Questionário de franquia.
– Brochura.

– Projeto de investimento e de exploração-tipo.
– Minuta do contrato de franchising.

O manual de pré-abertura deverá incluir todos os passos a dar pelo franchisado no período que medeia a assinatura do contrato de franquia (ou contrato de pré-franquia) e o arranque do negócio ou formação inicial.

Devem estar previstos neste manual, entre outros a definir, os seguintes aspetos:

– Elementos para a criação e constituição da sociedade, nome, tipo de sociedade, capital mínimo necessário.
– Estudo económico ou plano de negócio *standard*, para ser adaptado e revisto pelo franchisado, para a elaboração do seu próprio plano de negócios com a orientação do franchisador.
– Espaço necessário para o negócio, regras de localização, área.
– *Layout*-tipo do espaço.
– Materiais corporativos usados e empresas com protocolo e autorização para a realização das obras, decoração, *letterings*.
– Aspetos a tratar para a formação e plano de formação.

B) Manual de procedimentos e gestão do negócio

Tal como o próprio nome indica, este manual tem como principal objetivo descrever todos os procedimentos de gestão do negócio e processos operacionais.

Das várias atividades destacam-se as seguintes:

– Recursos humanos – define os processos de recrutamento e a dinâmica de contratação, a formação do pessoal, orientação no tipo de contratos a celebrar e a forma de remuneração. Igualmente, devem existir formas de compensação pelos resultados obtidos (prémios e incentivos). É essencial manter a uniformização na gestão dos recursos humanos em toda a rede, não só em termos processuais, mas também na sua avaliação e controlo.
– Procedimentos de loja.
– Regras exaustivas de serviço a atendimento a clientes.

- Gestão comercial – faturação, recebimentos e respetivo controlo.
- Política de preços e promoções da rede.
- Estrutura operacional e funções que cada franchisado e respetivos colaboradores têm de desempenhar.
- Seguro do negócio.
- Gestão e controlo financeiro/contabilístico.

C) Manual do *software* de gestão utilizado

O *software* usado pela rede na gestão do negócio (*software* de ponto de venda) deve ter um manual de utilização entregue pelo fornecedor de *software* e todos os procedimentos claramente definidos.

D) Manual de marketing e de gestão de clientes

Inclui todos os procedimentos necessários para a promoção do negócio e captação de novos clientes. Deve incluir a filosofia do *marketing* local da empresa, ter bem definidos os objectivos e missão da empresa, assim como a sua cultura e uma explicação da importância do conteúdo do plano de *marketing* da franquia.

A filosofia de *marketing* engloba o *marketing* organizacional, corporativo, de conteúdos, integrado e relacional — este último o mais importante. Deve ainda conter a estratégia de planeamento e de prospeção que cada franchisado terá de fazer.

Outro ponto essencial diz respeito à gestão de clientes, na qual se inclui os tipos de clientes do negócio, indicações sobre como prestar um serviço que ultrapasse as expectativas destes, entre outros aspetos, como as práticas de vendas *online* e cara a cara.

Relativamente ao *marketing* digital, o manual deve englobar indicações de como lidar com os clientes nas redes sociais, incluindo códigos de conduta e atendimento ao público na Internet. O manual acaba por ser a base da publicidade e comunicação da rede: quando promover o seu produto, a rede tem de saber para quem está a falar, ou seja, há que segmentar o tipo de cliente pretendido e comunicar adequadamente com o mesmo.

Este é um mercado ainda muito novo, mas há regras essenciais que todos os franchisadores devem impor, como a boa qualidade das imagens publicadas na Internet e conteúdos informativos bem escritos e editados.

Há ainda pequenas dicas que podem ajudar os franchisadores na era digital. Por exemplo, se o negócio for compatível com a criação de uma aplicação, este procedimento é hoje banal e extremamente necessário para a operação da empresa no mundo digital. O mundo está cada vez mais tecnológico e é importante explorar estas pequenas inovações plenamente, já que podem poupar tempo e dinheiro às empresas e clientes.

A técnica de vendas é outro item fundamental, na qual se destaca a arte de vender, observações sobre como lidar com objeções (com exemplos mais usuais) e, por fim, o fecho da venda. As falhas, reclamações e saber como lidar com estas são outros dos elementos incluídos, bem como uma explicação de como uma reclamação pode ser uma oportunidade.

Na parte de negociação, este manual deve explicar como esta deve ser preparada, o início da negociação, estratégias e táticas negociais. E, finalmente, um resumo sobre perder clientes e como os reaver.

Normalmente, são incluídos os seguintes elementos de *marketing*:
– Imagem corporativa: deverá estar claramente definida a imagem corporativa usada pela rede, tal como o logótipo, assinatura, cartões pessoais, papel de carta e envelopes, entre outros. A manutenção da imagem corporativa em toda a rede é fundamental.
– *Merchandising* da loja: deverá estar também pré-definido o *layout* da loja, disposição das mercadorias, cores e tecidos usados, som ambiente, luminosidade, circulação de clientes e outros.
– Técnicas de atendimento de clientes: devem ser implementadas e treinadas na formação as técnicas de atendimento aos clientes.
– Folhetos, *mailing* e materiais publicitários utilizados pela rede: deverão ser entregues ao franchisado em papel e em meio digital, para sua utilização.

A gestão dos clientes baseia-se na excelência do serviço prestado. Deste modo, são definidos os conceitos de qualidade nos produtos e serviços, e a forma de relação com o cliente. Os manuais de uma rede de franchising são um elemento fulcral para a correta duplicação do franchisador e sucesso da rede de franchisados. Estes manuais são a base da formação inicial efetuada a novos franchisados e deverão ser seguidos por toda a rede.

No entanto, não existem manuais estáticos, devendo estes ser encarados como um elemento dinâmico, em constante atualização, em função de alterações internas ou externas da rede.

Nota final — Quando entregues ao franchisado, os manuais deverão ser acompanhados por um documento de confidencialidade, no qual se deve referir que o franchisador se compromete a seguir os manuais e a não os mostrar a mais ninguém. Para tal, poderá escrever-se no rodapé dos manuais a seguinte frase, a título de exemplo: «A informação contida nos manuais de franchising é confidencial e privilegiada, destinando-se única e exclusivamente ao franchisado. Os leitores dos manuais que não sejam os seus destinatários ficam notificados de que qualquer divulgação, distribuição ou reprodução do respetivo conteúdo é expressa e estritamente proibida. Todos os direitos reservados a xxxx.»

2.8.2 MANUAL DE ÉTICA E DEONTOLOGIA

Um comportamento exemplar contribui para aumentar o retorno financeiro e ajuda as empresas a sobreviver. Hoje em dia, a ética é vista como uma vantagem competitiva, já que a sua ausência pode mesmo destruir uma empresa. Segundo dados estatísticos, é possível comprovar que empresas com compromissos éticos proporcionam retorno superior.

Um código de ética deve ser simples, de fácil interpretação e aplicabilidade, caso contrário será mais um manual para deixar na gaveta sem utilizar. Trata-se de fixar os valores humanos básicos sobre os quais se construiu a empresa. É fundamental que exista correspondência entre a cultura empresarial e os ideais contidos no código deontológico.

2.9 CONTRATO DE PRÉ-FRANQUIA E DE FRANQUIA

O contrato de pré-franquia é praticamente uma pré-reserva do negócio que irá adquirir enquanto franchisado. Para segurança de todos os envolvidos no processo, a sua assinatura é tão importante quanto a do contrato de franchising em si.

O contrato de pré-franquia inclui elementos como o valor dos direitos de entrada e do total da franquia, e enumera tudo aquilo que o franchisador se compromete a fazer para acolher o novo franchisado na rede num prazo, geralmente, de 70 a 90 dias.

Uma das perguntas mais comuns colocadas pelos franchisadores é se o contrato de pré-franquia é mesmo necessário. Numa microfranquia não é normalmente preciso, mas, num contrato de valor mais elevado, é praticamente essencial. Porquê? Porque o contrato de pré-franquia é sempre uma garantia para o franchisador, visto que o franchisado está a assumir um compromisso por escrito. Para o franchisado, revalida igualmente o compromisso, reservando desta forma a sua área territorial.

Depois de assinar o pré-contrato, o franchisador dá início à formação, enquanto o franchisado, além da formação, trata das formalidades necessárias, como o arrendamento da loja/escritório, compra ou *leasing* do carro (caso seja preciso), etc. Resumindo, entre a assinatura do pré--contrato até à assinatura do contrato definitivo decorrem todos os trâmites para que, no dia da assinatura do mesmo, seja o dia em que o negócio abre as portas ao público.

O contrato de pré-franquia é um documento muito básico, que deve conter quatro aspetos essenciais: os outorgantes (como o Número de Identificação de Pessoa Coletiva ou NIPC, morada, etc.); a área exclusiva de atuação; e o dia em que será assinado o contrato definitivo, o que depende do tipo de negócio e do acordado entre as partes. Este período de tempo é normalmente definido pelo franchisador em função do intervalo que este achar necessário para que o franchisado receba a formação, monte a loja e adquira outros equipamentos necessários.

Para segurança dos franquiados, estes devem verificar se a marca à qual pretendem aderir se encontra validamente registada no Instituto Nacional de Propriedade Industrial (INPI) e se os seus proprietários coincidem com as pessoas com quem vai assinar contrato ou não. Se não coincidirem, por exemplo, no caso de *masters* nacionais de uma marca internacional, estes deverão ter a licença do dono da marca e esta irá encontrar-se averbada no registo da marca. Estes cuidados permitirão evitar potenciais fraudes de «franchisadores» criminosos. Felizmente, este é um cenário pouco frequente em franchising, mas pode ocorrer.

Abaixo, irá encontrar um exemplo de um contrato de pré-franquia ou de promessa de franquia.

CONTRATO PROMESSA DE FRANQUIA

Primeiro Outorgante: — - xxxxxxxxxxxxxxx, com sede xxxxxxxxxxxx, nº, com o NIPC Nº xxxxxxxxxxxx, neste ato representado pelo seu sócio-gerente xxxxxxxxxx.

Segundo Outorgante: — - xxxxxxxxxxxxxxxxxxxxxxx. com sede xxxxxxxxxxxxxxxxxxxxxxx, com o NIPC Nº xxxxxxxx, neste ato representado por xxxxxxxxxx.

Entre os outorgantes acima identificados é livremente e de boa-fé celebrado o presente contrato promessa de franquia, que fica sujeito às cláusulas seguintes:

PRIMEIRA

A primeira outorgante é detentora da marca, da insígnia e das siglas xxxxxx .

SEGUNDA

Pelo presente contrato, o Primeiro Outorgante compromete-se a conceder a franquia referida na cláusula anterior ao Segundo Outorgante, que se compromete a adquiri-la.

TERCEIRA

O preço da concessão da franquia prometida é de xxxxxx (escrever o valor por extenso) euros, acrescido do IVA à taxa legal em vigor.

QUARTA

1. Com a assinatura deste contrato-promessa, o Segundo Outorgante entrega ao Primeiro Outorgante a quantia de xxxx euros, acrescido do IVA em vigor, referentes aos direitos de entrada.

QUINTA

1. O contrato prometido será outorgado até 60 (sessenta) dias ao da realização do mesmo.

2. Não o sendo, por causa imputável ao Segundo Outorgante, perderá este o valor da caução prestada e terá de pagar a totalidade do valor da franquia.

3. Fica desde já acordado que a cidade escolhida e concedida pelo franchisado é xxxx (com ou sem exclusividade, ou apenas com direito de preferência).

SEXTA

Para a resolução de qualquer litígio emergente da relação aqui estabelecida será competente o foro de xxxx, com exclusão de qualquer outro.

Feito em duplicado no xxxx, a xx de xxxx de xxxx

O Primeiro Outorgante: (nome da empresa)
(Nome de quem vai assinar — dono da franquia)

O Segundo Outorgante: (nome da empresa)
(Nome de quem vai assinar — franchisado)

CONTRATO DE FRANQUIA

Já o contrato de franquia é elaborado com a ajuda de advogados, embora não exista legislação específica que dite a atuação do franchising no plano nacional. Este guia-se, por isso, pelas normas vigentes da lei portuguesa, como qualquer outra empresa do País.

Contudo, para recordar todos os envolvidos do que está em jogo, é habitualmente adicionada uma cópia do código deontológico em franchising, que dita as normas éticas que devem ser seguidas no negócio.

Muitas empresas encerram atividade nos primeiros três anos de negócio porque não assinaram contratos válidos que estabelecessem os direitos e deveres legais de cada uma das partes. Os contratos protegem tanto os franchisados como os franchisadores, definindo as áreas geográficas em questão, bem como outros aspetos absolutamente determinantes do negócio.

2.9.1 O QUE INCLUIR NO CONTRATO DE FRANCHISING

Os elementos essenciais que devem constar do contrato de franchising ou franquia são os seguintes:

- Outorgantes — as partes que estão a fazer o acordo e que irão assinar o contrato.
- Objeto do contrato — descreve a operação que as partes visam realizar.
- Estatuto jurídico das partes — define o estatuto de ambas as partes (franchisador e franchisado, por exemplo) e estabelece a sua independência jurídica.
- Zona geográfica exclusiva (se for o caso) — delimita a zona exclusiva em que o franchisado irá operar, bem como as questões de preferência de zona.

- Obrigações específicas de ambas as partes — refere exatamente o que cada uma das partes tem de fazer como parte do negócio (frequência dos pagamentos, prestação de formação, etc.).
- Obrigação de não-concorrência — garante a exclusividade das informações e *know-how* passados pelo franchisador e estabelece que o franchisado só poderá recorrer a este para os obter.
- Condições financeiras — todos os valores monetários que envolvam o franchising, como a taxa de publicidade, *royalties*, etc.
- Duração do contrato — geralmente, a duração do contrato de franchising é de cinco anos, mas pode variar.
- Cessação do contrato por outros motivos — estabelece os motivos que poderão provocar a cessação do contrato.
- Domicílio e comunicação entre as partes — identifica as moradas fiscais de ambas as partes e as formas de comunicação entre ambas.
- Disposições gerais — disposições gerais do contrato, como, por exemplo, obedecer à lei em vigor no país.
- Data, nomes empresariais das partes e suas assinaturas.

No final, poderá ainda anexar-se o código de deontologia do franchising, nos termos da lei do disposto do Regulamento CE 2790/1999 da Comissão Europeia.

Para maior segurança de ambas as partes, as assinaturas podem ser registadas no notário, se assim o desejarem.

2.9.2 CÓDIGO DEONTOLÓGICO DO FRANCHISING

Não existe na legislação portuguesa uma tipificação do franchising. Assim, o contrato efetuado entre franchisado e franchisador é inominado, isto é, não é regulado por preceitos legais específicos, mas apenas pelo que for definido entre as partes.

No entanto, a Federação Europeia do Franchising (EFF), que integra 18 associações de franchising na Europa, criou em 1972 (ano da sua fundação), um Código de Deontologia Europeu para o Franchising que foi revisto em 1992 e, mais recentemente, em 2017, com o objetivo de acompanhar a evolução do franchising e dos mercados.

O código deontológico do franchising visa estabelecer um conjunto de regras de boa conduta, assegurando o desenvolvimento deste modelo de negócio de forma ética no Velho Continente. Este código é vinculativo para os associados da EFF e deverá ser seguido por todos os que operem com seriedade no setor. Cada país é responsável pela tradução do código para a sua língua-mãe, adaptando-o às leis em vigor no seu território.

A atualização de 2017 reforçou questões como a boa-fé e a ética negocial, declarando que tanto o franchisador como o franchisado devem resolver disputas e queixas através de uma negociação justa e razoável. Quando estas não puderem ser resolvidas deste modo, é imperativo procurar mediação, sempre no princípio da boa-fé.

A nova revisão estabeleceu ainda obrigações acrescidas para os franchisadores e franchisados, nomeadamente:

Do lado do franchisador
- Em todas as fases da relação entre franchisador e franchisado (pré-contratual, contratual e pós-contratual), o franchisador tem de usar todos os meios razoáveis à sua disposição para evitar a partilha indesejada do saber-fazer (*know-how*) da rede, o que se torna particularmente relevante dado o crescimento do crime cibernético.
- O franchisador deve dar a oportunidade aos seus franchisados de vender ou transferir a sua empresa em atividade caso estes não queiram continuar a fazer parte da rede.
- O franchisador tem de garantir o direito de utilização do saber--fazer e identificar que partes do saber-fazer irá manter e desenvolver. A própria definição de saber-fazer foi atualizada, passando a incluir toda a informação prática não patenteada que resulta da experiência e testes realizados pelo franchisador e que é secreta, substancial e identificável.

- O franchisador deve ser claro quanto à sua promoção digital e política de vendas *online*.

Do lado do franchisado
- Colaborar lealmente com o franchisador para assegurar o sucesso da rede, mas também agir de forma leal perante os outros franchisados.
- Assumir responsabilidade pelos meios humanos e financeiros que empregar no franchising, o que reforça a independência do franchisado perante terceiros e nas negociações com o consumidor final e clientes corporativos.

Além dos pontos acima referidos, esta nova atualização definiu ainda outros aspetos essenciais relativos à definição de franquia, seleção dos franquiados e recrutamento, publicidade e divulgação, entre outros.

CÓDIGO DE DEONTOLOGIA EUROPEU
Aplicável em Portugal desde janeiro de 1991

O presente Código de Deontologia Europeu do Franchising corresponde à versão atualizada e resumida do Código inicialmente elaborado em 1972 pela EFF.

1. DEFINIÇÃO DE FRANCHISING

O franchising é um sistema de comercialização de produtos e/ou serviços e/ou tecnologias, baseado numa estreita e contínua colaboração entre empresas jurídicas e financeiramente distintas e independentes, o franchisador e os seus franchisados, através do qual o franchisador concede aos seus franchisados o direito, e impõe a obrigação, de explorar uma empresa de acordo com o seu conceito.

O direito concedido confere ao franchisado o poder e o dever de, mediante uma contrapartida financeira direta ou indireta, usar a insígnia e/ou marca de produtos e/ou marca de serviços, o saber-fazer, os métodos comerciais e técnicos, o sistema de procedimentos e outros direitos de propriedade industrial e intelectual, apoiados por uma prestação contínua de assistência comercial e/ou técnica, no âmbito e durante a vigência dum contrato de franchising escrito, para tal fim, celebrado entre as partes.

Saber-fazer é o conjunto de conhecimentos práticos não patenteados, decorrentes da experiência do franchisador e por ele testado, que é secreto, substancial e identificado.

- Secreto – significa que o saber-fazer, enquanto conjunto ou na configuração e reunião precisa dos seus componentes, não é do conhecimento geral ou de fácil acesso; tal não implica que cada componente individual do saber-fazer deva ser, em sentido estrito, totalmente desconhecido ou não susceptível de obtenção fora da atividade do franchisador.
- Substancial – significa que o saber-fazer deve incluir informação indispensável para o exercício da atividade do franchisado, para a venda ou revenda de produtos ou para a prestação de serviços contratuais, em especial, para a apresentação dos produtos para venda, sua transformação em conexão com a prestação de serviços, as relações com a clientela e a gestão administrativa e financeira; o saber-fazer deve ser útil para o franchisado ao ser susceptível, à data da conclusão do contrato, de melhorar a sua posição concorrencial, em especial ao melhorar os seus resultados ou ajudando-o a penetrar num novo mercado.
- Identificado – significa que saber-fazer deve ser descrito de modo suficientemente preciso para permitir verificar que preenche os critérios de secretismo e de substancialidade; a descrição do saber-fazer pode constar quer do contrato de franchising, quer de documento separado ou materializado de qualquer outra forma apropriada.

2. PRINCÍPIOS ORIENTADORES

2.1 – O franchisador é o iniciador de uma rede de franchising, constituída por si e pelos seus franchisados, cuja perenidade é assegurada pelo franchisador.

2.2 – Obrigações do franchisador:
a) Ter concebido e explorado com sucesso um conceito, durante um período de tempo razoável e ter explorado, no mínimo, uma unidade-piloto antes do lançamento da rede.
b) Ser o titular ou dispor de uma licença relativa ao uso dos sinais distintivos do comércio: marca, insígnia, e demais direitos de propriedade intelectual, industrial ou outros sinais aglutinadores da clientela.
c) Providenciar a formação inicial dos seus franchisados e prestar de forma continuada assistência comercial e/ou técnica durante a vigência do contrato.

2.3 – Obrigações do franchisado:
a) Promover os seus melhores esforços para o desenvolvimento da rede de franchising e para a conservação da identidade comum e reputação da rede.
b) Fornecer ao franchisador os dados operacionais verificáveis a fim de facilitar a determinação da *performance* e dos rácios financeiros indispensáveis a um eficaz controlo de gestão. O franchisado permitirá ao franchisador e/ou aos seus representantes, o acesso, em qualquer momento, às suas instalações e à sua contabilidade, dentro de um horário razoável.
c) Não divulgar a terceiros o saber-fazer transmitido pelo franchisador, durante a vigência ou após a cessação do contrato.

2.4 – Obrigações comuns do franchisador e do franchisado durante a vigência do contrato:
a) Ambas as partes devem agir com lealdade e equidade nas suas relações recíprocas. O franchisador deve informar, por escrito, os

seus franchisados de qualquer violação contratual e, quando justificado, conceder um período de tempo razoável para o franchisado reparar a sua falta.
b) Ambas as partes devem resolver os conflitos e litígios com lealdade e boa-fé, promovendo o diálogo e a negociação direta.

3. RECRUTAMENTO, PUBLICIDADE E DIVULGAÇÃO

3.1 – A publicidade para o recrutamento de franchisados não deverá conter ambiguidades nem ser enganosa.

3.2 – Qualquer documento publicitário que contenha alusões diretas ou indiretas a resultados financeiros previsionais do franchisado deve ser objetivo e verificável.

3.3 – A fim de permitir que o potencial franchisado se vincule com perfeito conhecimento de causa, o franchisador deve fornecer-lhe, em prazo razoável e antes da assinatura do contrato, uma cópia do presente Código de Deontologia, bem como informação completa, de forma escrita e precisa, respeitantes às cláusulas do contrato de franchising.

3.4 – Sempre que o franchisador proponha ao candidato a franchisado a celebração de um pré-contrato, este deverá respeitar os seguintes princípios:
  a) Antes da assinatura de qualquer pré-contrato, o candidato a franchisado deverá receber informação escrita relativa ao conteúdo do dito contrato, bem como das despesas dele resultantes para o candidato. Se o contrato de franchising for assinado, todos os pagamentos efetuados pelo franchisado serão reembolsados pelo franchisador, podendo também ser compensados no direito de entrada, se a este houver lugar.
  b) O pré-contrato deve estabelecer o seu termo e uma cláusula de resolução.

c) O franchisador pode impor obrigações de não-concorrência e/ou de confidencialidade para proteger a sua identidade e o seu saber-fazer.

4. SELEÇÃO DOS FRANCHISADOS

O franchisador deve seleccionar e aceitar os franchisados que, após uma investigação razoável, apresentem os requisitos necessários ao nível da sua formação, qualidades pessoais e recursos financeiros para explorar o negócio franchisado.

5. O CONTRATO DE FRANCHISING

5.1 – O contrato de franchising deve estar em conformidade com o Direito Nacional, com o Direito Comunitário e com este Código de Deontologia, incluindo eventuais aditamentos complementares de carácter nacional.

5.2 – O contrato deve refletir os interesses dos membros da rede de franchising, na proteção dos direitos de propriedade industrial e intelectual do franchisador e na manutenção da identidade comum e reputação da rede de franchising. Qualquer contrato ou acordo contratual, regendo as relações franchisador/franchisado, deve ser redigido ou traduzido por tradutor ajuramentado na língua oficial do país em que o franchisado está estabelecido, devendo ser imediatamente entregue ao franchisado um original do contrato assinado.

5.3 – O contrato de franchising deve definir, sem ambiguidade, as respetivas obrigações e responsabilidade das partes, bem como todas as outras cláusulas materiais da sua relação.

5.4 – O contrato deverá, no mínimo, conter os seguintes pontos essenciais:
- Os direitos do franchisador.
- Os direitos do franchisado.

- Os bens e/ou serviços prestados ao franchisado.
- As obrigações do franchisador.
- As obrigações do franchisado.
- As condições financeiras para o franchisado.
- A duração do contrato, a qual deve ser fixada de forma a permitir ao franchisado a amortização dos seus investimentos iniciais e específicos do franchising.
- As condições de renovação do contrato.
- As condições em que poderá ocorrer a cessão ou transmissão dos direitos do franchisado, decorrentes do contrato, e os termos do exercício do direito de preferência pelo franchisador.
- As condições de utilização pelo franchisado dos sinais distintivos do comércio pertencentes ao franchisador: marca, insígnia, logótipo, ou qualquer outro sinal aglutinador da clientela.
- O direito do franchisador adaptar o seu conceito de franchising alterando ou adotando novos procedimentos.
- As cláusulas de resolução do contrato.
- As cláusulas que estabeleçam, a pronta restituição ao franchisador de todos os elementos corpóreos e incorpóreos que lhe pertençam, aquando da cessão do contrato de franchising.

6. O CÓDIGO DE DEONTOLOGIA E MASTER FRANCHISING

Este Código de Deontologia deverá aplicar-se às relações estabelecidas entre franchisador e os seus franchisados, bem como às relações estabelecidas entre o master franchisado e os seus franchisados. Este Código de Deontologia não se aplicará às relações estabelecidas entre o franchisador e os seus master franchisados.

3
COMO FUNCIONA UMA REDE DE FRANQUIAS

3.1 GESTÃO DE REDES

No meio da dificuldade encontra-se a oportunidade.
ALBERT EINSTEIN

Um gestor de redes só entra em campo depois de a empresa já ter franquiados. É responsável por realizar visitas periódicas às várias franquias, ajudando-as a avaliar o seu desempenho e orientando-as na direção dos bons resultados. Pode ou não coincidir com a figura do franchisador.

Há franchisadores que dividem os seus franchisados em dois grupos: aqueles com quem não têm de se preocupar e os que necessitam de acompanhamento constante. Este é um dos maiores erros que se pode cometer numa rede de franchising.

A gestão de um negócio de formato tradicional apresenta semelhanças com a administração de um negócio em regime de franchising. No entanto, há uma diferença fundamental: esta não é tanto uma relação de hierarquia, mas sim de parceria. Enquanto entidades juridicamente independentes, os franchisados e franchisadores não podem ser responsabilizados legalmente pelas ações uns dos outros, o que torna o conceito de parceria ainda mais vital quando o objetivo é o sucesso.

Gerir pessoas não é um processo linear e, por isso, o franchisador deve assumir uma postura de líder, já que concentra a experiência e *know-how* essenciais para a rede, mas também manter uma relação de respeito absoluto pela parceria celebrada com os seus franchisados.

Tal como numa empresa com boa liderança, em que os funcionários começam por executar as funções que lhes são atribuídas, ganhando depois a necessária autonomia para contribuir positivamente para o negócio com as suas ideias, o franchisador deve apenas orientar os seus franchisados de início, conquistando depois tempo para ouvir as suas sugestões, implementando-as assim que a rede entrar em «piloto automático».

Esta conquista de «tempo livre» das funções de administração dá ao franchisador liberdade para se atualizar, pesquisar tendências, desenvolver novos produtos, fazer experiências em unidades-piloto — no fundo, ir trabalhando em prol da franquia. O mesmo sucede com o franchisado, pois esta não é uma relação unilateral: ouvir as ideias e recomendações do franquiado potencia a evolução da rede. Afinal, é ele quem está no terreno e lida com os clientes todos os dias, o que torna o seu contributo inestimável para o negócio.

Um bom exemplo da importância destes contributos é uma história já muito conhecida em torno da marca *McDonald's* e, nomeadamente, sobre a origem do hambúrguer duplo. Em 1967, nos EUA, alguns dos trabalhadores de construção civil que iam almoçar todos os dias ao restaurante de *fast-food* pediam sempre dois hambúrgueres. Até que um deles sugeriu que se fizesse um hambúrguer com duas fatias de carne. O franchisado mencionou a ideia ao franchisador, que autorizou a criação. O resto é história. O sucesso foi tal que, em 1968, o hambúrguer duplo foi introduzido em toda a rede. Este é um bom exemplo de abertura, quer do franchisado, que não se impede de fazer sugestões, quer do franchisador, que escuta a rede e as suas ideias.

Felizmente, nos últimos quatro a cinco anos, as empresas franquiadoras começaram a perceber que a ausência da gestão de redes pode ter efeitos desastrosos para todos os franchisados. Hoje em dia, a maioria das franquias já tem um gestor próprio, realiza eventos internos variados e reúne, pelo menos uma vez por ano, os elementos da rede.

Adelino Cunha é CEO da Solfut, empresa que detém a *I Have The Power*, escritor, professor universitário, *coach*, consultor de empresas e orador motivacional.

Autor de seis livros sobre liderança, negócios e excelência pessoal, foi eleito o primeiro português na lista dos Top 100 Global Coaching Leaders, numa votação que envolveu 140 países. No texto seguinte, enumera o que caracteriza um líder em franchising e qual a sua importância para o êxito da rede.

LIDERAR EM FRANCHISING

Qualquer negócio só pode prosperar se tiver uma liderança forte e determinada, nomeadamente quando se trata de penetrar no mercado com uma ideia especial e inovadora.

De uma maneira geral, poucas pessoas acarinham um empreendedor. Desta forma, quem cria um negócio tem de ter uma mente forte para poder persistir na busca dos seus sonhos.

Uma empresa é como um barco, e para ser forte tem de ter como timoneiro alguém que sabe para onde vai, que aguenta as tempestades e que tem a paixão necessária para inspirar e iluminar no meio de qualquer tempestade, bem como a capacidade de executar e fazer acontecer, motivando a equipa para o êxito e levando o barco ao seu destino.

MAS AFINAL O QUE É UM LÍDER?
QUAL A DIFERENÇA ENTRE UM GESTOR E UM LÍDER?

De uma forma simples, um líder é alguém que tem seguidores, que tem uma visão magnífica e que tem a habilidade de motivar pessoas para essa visão.

Um gestor é alguém que consegue, com os recursos que tem e muitas vezes com a visão de outrem, gerir os recursos de modo a alcançar os objetivos pretendidos.

A ser assim, o perfil ideal num negócio de franchising é a combinação do gestor-líder.

CARACTERÍSTICAS DE UM LÍDER EM FRANCHISING

Um líder em franchising é alguém que:
- Pensa a longo prazo e visualiza além da crise diária e do relatório trimestral.
- Quer saber como cada departamento influencia os outros e está constantemente a sair fora das suas áreas de competência.
- Coloca grande ênfase na visão, valores e motivação.
- Mostra fortes capacidades de tratar interesses conflituosos.
- Não aceita o *status quo*.

Ao olharmos para estas características, saltam à vista as diferenças de um líder relativamente à maioria das pessoas que conhecemos. Muitas pessoas olham apenas para o imediatismo e para o curto prazo, algo que um líder não faz. Um líder olha para toda a organização e não tem uma lógica da «minha quinta» na sua ação, mas sim da «nossa quinta», colocando o interesse da empresa acima do seu próprio interesse.

Nunca me canso de realçar a peça mais importante da gestão das equipas, que é a estrutura de valores. Sem valores agregadores, uma equipa desintegra-se e morre. O líder tem de ser o garante desses valores, incluindo-os nos procedimentos e assegurando-se de que são cumpridos.

A somar a tudo isto, um líder ainda consegue **separar o juízo do diagnóstico**. O que é que quero dizer com isto? Perante interesses conflituosos, que necessariamente irão surgir no desenvolvimento da empresa, o líder tem de saber olhar além das aparências e evitar juízos de valor sobre as pessoas, separando o «ser» do «fazer» e do «ter». O que as pessoas são num dado momento deve ser muito maior do que o que elas fazem ou têm em termos de resultados. Assim, quando olha para as pessoas, deve diagnosticar as situações e ajudar a que se encontrem soluções, trabalhando em equipa, evitando decidir em função do que «acha» sobre cada pessoa, já que cada um é o que é em cada momento, mas pode mudar.

A crença nas pessoas e na sua capacidade de evolução vai influenciar todas as operações e procedimentos, com impacto nos sistemas de definição de objetivos, avaliação do desempenho, alinhamento de percursos, e reconhecimento e premiação.

Estou absolutamente convencido de que devemos garantir que os sistemas de recrutamento estão alinhados com os valores e com os sistemas de avaliação. Dessa forma harmoniosa, aumentamos a probabilidade de sucesso e criamos equipas unidas e poderosas.

Um líder, para ser eficaz e respeitado, gerando resultados de largo espetro, deve desenvolver a sua atividade para que os seguintes sinais estejam presentes:

- Boa capacidade de relacionamento com as pessoas — o bom ambiente na empresa tem de ser assegurado a qualquer custo, pois é do mais importante numa equipa vencedora. Sendo raro vai ser altamente diferenciador no mercado.
- Muita imaginação para sonhar e fazer sonhar. Sendo a visão uma das ferramentas mais poderosas do ser humano, a capacidade de focar as pessoas em sonhos motivadores gerará energia e capacidade de agir de forma rápida e competente, provocando resultados rápidos e crescentes, muitas vezes parecendo milagres dada a velocidade que geram numa empresa.
- Isola os seus problemas pessoais, protegendo a equipa. As pessoas já têm os seus desafios e não querem mais sobrecarga e apreciam imenso quem os ajuda e os protege. Um líder isola a equipa e cuida dela.
- Lidera a resolução dos problemas, assumindo-os nos bons e maus momentos. Quando algum problema surge, um líder avança e comanda a equipa e todos os envolvidos, focado em ultrapassar o problema e fazendo com que a equipa fique cada dia mais forte e segura das suas capacidades.
- É um adepto da insatisfação positiva, desejando sempre que as suas equipas vão mais longe e se superem. Insatisfação positiva é

algo que combina o reconhecimento com o sonho extra, algo semelhante a «Parabéns e sei que podes ainda fazer melhor».
- É organizado e tem a sua ação otimizada, dando bons exemplos e estando focado na boa gestão dos recursos e dos processos. Evita o desperdício e detesta a ineficiência, sendo adepto de métodos de melhoria contínua, evolução e superação. É alguém 100% orientado para crescer de forma consolidada e segura.
- Trabalha de forma planeada, organizada e sistemática. Não trabalha por vagas e por apetites, nem por «estados de alma». Olha para os objetivos e determina com exatidão os planos de ação e executa-os e faz executar, criando equipas desse tipo, muito à sua imagem.
- Assume riscos, quer em termos profissionais, quer em termos pessoais, apostando nas pessoas e vendo nelas algo que muitas vezes elas não conseguem ver. Um líder muitas vezes cria equipas cujos elementos dizem algo como «Ele viu em mim algo que eu próprio não acreditava que poderia ser», gerando novos líderes no seu percurso.
- É seguro e partilha responsabilidades, informação, poder e resultados. Quem não partilha tem medo e essa falta faz as equipas se atrasarem no seu desenvolvimento. Um líder que partilha conhecimento e boas práticas e bom exemplo funciona como um gigantesco catalisador que inspira e alinha as pessoas com a visão e os valores da empresa. Uma empresa colaborativa, onde a partilha existe e que gera riqueza para os acionistas e para os colaboradores, é garantidamente uma empresa orientada para a felicidade e para o sucesso, tendo todas as condições para poder crescer rapidamente.
- Permanece flexível e com mente aberta, estando disponível para a melhoria e a inovação.
- Tem espírito de equipa, colocando o seu interesse pessoal ao serviço dos outros e trabalhando com as pessoas e para as pessoas. Muitas vezes, um líder transforma uma empresa na família que as pessoas não conseguiram ter e isso é poderoso e magnífico.

- É um promotor e catalisador da mudança, sendo o maior leitor, o que mais aprende, o que mais novidades traz, o que estimula as mentes e os corações das pessoas. Um líder é quem mais muda, e com a sua mudança, a empresa muda, as pessoas melhoram, os resultados crescem e o mundo avança.

Todos são importantes numa empresa, mas nada acontece sem uma liderança forte e competente.

3.2 DIREITOS E DEVERES DO FRANCHISADOR

Enquanto cabecilha da rede, o franchisador deve governar por exemplo. Como todos os líderes, a sua lista de deveres acaba por ser maior do que a sua lista de direitos, embora estes devam ser cumpridos escrupulosamente.

Se é verdade que o franchisador tem de manter uma linha de comunicação sempre aberta com os seus franquiados, é também crucial que estes atuem de forma recíproca, informando o franchisador de qualquer questão pertinente que possa afetar o negócio. Muitos dos problemas que surgem durante a gestão de um negócio podem ser antecipados e, quando não o são, devem ser resolvidos em conjunto pelo franchisador e franchisado — trata-se uma parceria, certo?

O franquiador tem também o direito de receber os direitos de entrada, *royalties*, taxa de publicidade, entre outros pagamentos devidos, atempadamente. Há um contrato assinado pelas duas partes e este é um ponto que deve sempre ser lembrado. Ambas as partes devem cumprir os seus compromissos, pois é assim que se constrói uma relação de confiança e uma rede sólida.

Além disso, o franchisador tem direito ao bom nome da marca que criou. Os desacordos serão resolvidos internamente ou nas entidades competentes, não afetando o nome da marca, como é apenas expectável numa relação ética de negócios.

O primeiro passo a adotar em caso de desentendimentos dentro de uma rede — seja franchisador ou franchisado — é comunicar. Idealismos à parte, a comunicação tem o poder de resolver conflitos. Dizer a verdade e ser honesto é vital numa parceria e pode evitar muitas ações imponderadas, que não irão beneficiar nem o investidor, nem a rede.

Se houver cedências de ambas as partes, é sempre possível chegar a um entendimento mutuamente benéfico. Quando este não consegue ser alcançado, é por vezes melhor dissolver a parceria e avançar para a contenção de danos.

Nas próximas páginas, são listados os principais deveres do franchisador enquanto parte da gestão quotidiana da rede.

3.2.1 APOIO AO FRANCHISADO

Uma das funções mais básicas do franquiador é prestar apoio aos seus franquiados. O franchisador tem de estar presente ao longo do processo de desenvolvimento da rede e manter um contacto regular com esta.

Todavia, a regularidade deste contacto depende, sobretudo, do tipo de negócio e da dimensão da rede. O franchisado de uma lavandaria *self-service* pode não ter muitas dúvidas sobre o negócio, mas o proprietário de uma agência imobiliária em franchising questiona-se, provavelmente, todos os dias.

A frequência média ideal de visitas do franchisador ao franchisado é de uma vez por mês, dependendo do tamanho da rede, obviamente. Se esta for considerável, o franchisador pode sempre contratar pessoas para o ajudar nesta tarefa (como o gestor de redes), que é indubitavelmente essencial para a boa saúde da marca.

Como o objetivo é fazer da rede uma família, só o contacto regular vai criar a proximidade desejada e passar as competências devidas ao franchisado, ajudando a antecipar potenciais problemas para o negócio. Em certos casos, o franchisador pode até aproveitar para fazer um pouco de «cliente-mistério» e observar, em primeira mão, o desempenho do franquiado.

Por outro lado, o apoio à rede passa ainda pelo reforço positivo dos bons comportamentos e práticas dos franquiados. Certas marcas já distinguem, por exemplo, as lojas com melhores resultados, as unidades com maior faturação, os franquiados com maior número de clientes conquistados, entre outros feitos.

Este reconhecimento é sempre apreciado, motiva os franchisados a fazer mais e melhor, e promove uma competição saudável dentro da rede. Se a este reconhecimento explícito se juntar ainda um bónus monetário, ainda que simbólico, tanto melhor. As recompensas sabem muito bem a quem as recebe e não há nada melhor do que um franchisado satisfeito. Aliás, esta é a melhor publicidade que qualquer rede pode ter, porque os franchisados são, geralmente, brutalmente honestos quando falam das suas experiências com o franchising.

3.2.2 FORMAÇÃO INICIAL E CONTÍNUA

A transmissão de informação e *know-how* é o pilar do franchising. Apesar das descrições extensas dos manuais operativos, quem compra um franchising está, na verdade, a pagar para receber formação sobre determinado negócio. Como fazer, como encomendar, a quem comprar, como vender, como distribuir, como criar mais-valias para a empresa? Dar resposta a estas perguntas é responsabilidade do franchisador durante o processo de formação.

Há dois tipos de formação em franchising: a formação inicial e a formação contínua. A **formação inicial** é a que o franchisado recebe no arranque do negócio e que o vai preparar para o desempenho das suas formações. Geralmente, não é paga, sendo oferecida como parte do pacote de investimento inicial. No entanto, se o franquiado quiser depois formar os seus colaboradores e recorrer ao franchisador para tal, é provável que já incorra em algum custo. Pode também optar por ser ele a dar essa formação, o que lhe sairá mais barato.

Já a **formação contínua** está relacionada com a formação que o franchisado vai recebendo ao longo do seu percurso na rede, e que diz respeito a novos produtos ou serviços, atualizações de negócio ou à aprendizagem de novas ferramentas ligadas ao funcionamento da rede. É essencial que todos os franchisados da marca estejam ao mesmo nível, sendo que a formação contínua é um direito de todos.

3.2.3 BOA COMUNICAÇÃO

Uma boa estratégia de comunicação é a base de uma gestão de redes de sucesso, mas é também um dever do franchisador. O franquiado tem o direito de ser informado antecipadamente relativamente a novidades na rede, como a introdução de novos produtos, adoção de novas estratégias ou ferramentas, participação em feiras ou até eventuais visitas de clientes-mistério (a data em si não será revelada, obviamente).

No fundo, não é difícil ser um bom franchisador. Franchisar passa por apoiar — responder às questões dos franchisados, agir em benefício da maioria, e, acima de tudo, estar presente.

3.3 A ESCOLHA DO FRANCHISADO

Não há uma fórmula ideal para escolher um bom franchisado, mas existem alguns critérios que devem ser valorizados na sua seleção. Tradicionalmente, os franchisadores usam as qualificações financeiras, experiência e capacidade de gestão, educação formal, e a atitude e personalidade como principais critérios de seleção dos franchisados.

- **Disponibilidade financeira**

Tendo em conta que o franchisado vai realizar um investimento para fazer parte da rede, dispor de capital é talvez o critério mais primordial. É este que determina, em última análise, se o franchisado fará ou não parte da rede. É aconselhável que o franquiado detenha cerca de 40% a 50% do investimento que vai realizar na marca em capitais próprios. Porém, a capacidade financeira do potencial franchisado pode também dizer muito sobre o seu passado profissional e aptidão empreendedora, constituindo um indicador, por exemplo, da sua capacidade de poupança, gestão de custos e angariação de fundos.

- **Experiência profissional prévia**

Um dos objetivos primordiais do franchising é libertar-nos da ideia de que a experiência prévia é obrigatória, pois o franquiado vai pagar para ter formação e, por conseguinte, acesso aos «segredos» do negócio. Esta é, afinal, uma das principais vantagens de quem opta pela franquia.

Por exemplo, a um franchisado que adquira uma unidade em franchising no setor das sapatarias, resta-lhe apenas gerir a loja de forma adequada e ser bom vendedor — o restante processo, desde a escolha de fornecedores, passando pela realização de encomendas e construção de lojas atrativas, já foi afinado pelo franchisador. É esta a derradeira vantagem concedida pelo franchising.

Contudo, há franquias em que é importante ter antecedentes no setor, especialmente pela natureza mais específica do negócio, como é o caso da contabilidade, por exemplo. Embora o franquiado possa não ser contabilista, deve ter algumas noções contabilísticas, até porque vai ter de contratar outros profissionais do ramo. Nestes casos, cabe ao franchisador dar preferência a franchisados já habilitados no setor.

A experiência pode ainda servir de garantia para o franchisador, visto que alguém com experiência no mundo de negócios está mais familiarizado com os procedimentos inerentes à gestão de uma empresa, conhece melhor os riscos a evitar e é, provavelmente, menos dependente do franchisador.

- **Educação formal e/ou conhecimento local**

A educação formal é sempre uma mais-valia para o franchisador e para o franchisado. Implica capacidade de aprendizagem, melhores competências de comunicação e até de compreensão de alguns dos processos envolvidos na abertura de uma franquia. Por isso, embora não seja obrigatória, é um critério de escolha relevante para muitos dos franchisadores.

Além da educação formal, o conhecimento local do mercado em que o franchisado vai operar é consideravelmente importante. Enquanto extensões da rede em determinadas áreas geográficas, os franchisados têm de saber como explorar a sua zona, saber quais os melhores parceiros locais e a melhor forma de implementar processos na sua área. Este é um conhecimento que pode revelar-se essencial para o franchisador e para a rede.

- **Características pessoais**

Se há certas características humanas que tornam os franchisadores particularmente adequados à função, o mesmo sucede com os franchisados. Mais uma vez, ter capital é importante, mas não é tudo.

Assumindo que o potencial franquiado dispõe do capital necessário para investir no seu negócio, há algumas considerações a fazer: pretende este criar o seu próprio emprego ou está apenas à procura de um negócio para investir? Relativamente a este tópico, é perfeitamente pertinente ter um franchisado cujo objetivo seja apenas investir na marca. Os investidores detestam assumidamente perder dinheiro, por isso, desde que este siga os modelos da marca e constitua parte integrante do processo, não há qualquer problema.

Por outro lado, quem investe tudo o que tem na compra de uma unidade em franchising irá estar, sem dúvida, muito mais empenhado à partida, pois tem muito mais a perder. Mais relevante do que isto, contudo, é que o franchisado manifeste paixão pelo negócio, que goste genuinamente daquilo que vai fazer — este é, talvez, o principal instigador do empenho.

Um bom franchisado é essencialmente um bom comercial. Atualmente, encontrar alguém com uma excelente veia comercial pode ser um desafio, porque esta é uma função que exige capacidades de comunicação exímias, um bem escasso. Além disso, é indispensável que o franquiado exiba perfil de líder e que seja empreendedor, uma característica que pode ser inata ou apreendida ao longo da vida. A boa atitude em relação à vida e às adversidades habituais de quem gere um negócio fecha a lista de qualidades obrigatórias de um bom franchisado.

Infelizmente, são raros os casos em que o franchisador escolhe os seus franchisados com base nas suas qualidades humanas e profissionais. Afinal, o mercado do franchising em Portugal ainda é pequeno, não existem assim tantos potenciais franchisados à disposição e quem investiu na criação de uma rede de franchising exibe muitas vezes ânsias de mostrar ao mundo o retorno do seu investimento, com a maior rapidez possível.

Hélder Pais, sócio-gerente e gestor de carreiras na Global Headhunters, com uma experiência no mercado de 19 anos, e que assiste várias empresas na procura de recursos humanos valiosos nos segmentos de *middle* e *top management*, descreve nas páginas seguintes como a gestão estratégica de contratação de novos colaboradores deve ser considerada no franchising, especialmente num mundo cada vez mais em mudança.

ATRAIR, DESENVOLVER E RETER EM FRANCHISING

Com base numa das traves-mestras da gestão estratégica de gestão de pessoas — «atrair, desenvolver e reter» —, é possível aplicar este conceito na perspetiva dos negócios de franchising.

No passado, se era fácil atrair franchisados, quer pelo efeito novidade que este modelo de negócio trazia ao tecido empresarial português, quer pela segurança que as marcas transmitiam a potenciais investidores, por outro lado, a falta de aposta em planos de formação e de *mentoring/coaching* dos mesmos franchisados levaria a que muitos destes abandonassem redes importantes e, muitas vezes, sobejamente conhecidas. Esta mensagem disseminada pelo mercado veio também colocar algumas reservas do lado do consumidor, que percecionou que, associados a uma marca forte, nem sempre estariam produtos genuínos.

Com o avanço e modernização do sentido empresarial em vários setores de atividade, incluindo o próprio comércio (outrora, o David da luta contra Golias) os desafios ao franchising têm vindo a aumentar, conduzindo a uma cada vez maior inovação de todo o negócio, que se estende ao domínio da gestão de pessoas.

Hoje, a competição entre os vários setores de atividade, desde empresas de tecnologias de informação, *call-centers*, distribuição moderna, bens de grande consumo, turismo e imobiliário, passa não só pelos modelos de negócio, mas também pela luta pelo melhor talento.

Assistimos atualmente a diferentes cenários em termos de mercado de trabalho: mercado de oferta, em que o número de profissionais à procura de oportunidades é claramente superior à procura; em oposição ao mercado de procura, em que o número de profissionais é inferior à procura existente, o que muitas vezes se denomina como escassez de profissionais.

Os franchisadores não podem ignorar esta realidade e, em simultâneo, deixar de ter em consideração a notória evolução/modernização que as outras atividades têm vindo a registar.

Num momento em que o mercado de procura tem ganho alguma projeção — e, neste, o mercado das tecnologias de informação foi o grande pioneiro —, o mesmo está hoje a acontecer noutros setores. Há que «atrair, desenvolver e reter» não só *business owners*, mas também e de forma planeada os colaboradores das empresas.

Atente-se no exemplo do negócio de franchising de imobiliárias, no qual existe uma clara alternância entre períodos de grande fluxo de pessoas que fazem carreiras nestas empresas, em períodos de contração económica, de que foi exemplo a recente passagem da *Troika* por Portugal. Neste período, assistiram-se a vários fenómenos do mercado de trabalho, dos quais destacaria, exatamente, as imobiliárias, que ficaram com uma mão-de-obra oriunda do mercado de trabalho mais qualificado, fossem franquiados ou colaboradores. Consequentemente, em períodos de maior crescimento económico, tem existido uma migração destes profissionais para vínculos mais formais e duradouros. A elevada rotação de pessoas neste setor não acontecerá por acaso.

Deparamo-nos muitas vezes com cadeias de franchising estruturalmente fortes na comunicação, no *marketing* e na vertente comercial, nas instalações e localização, porém com descuidado e impreparado planeamento de gestão de pessoas, desde o primeiro dia da integração, à falta de *feedback* ao longo do percurso, passando pela subvalorização de indicadores-chave de desempenho (KPI), tão importantes em qualquer sistema de gestão de pessoas. Frequentemente, não há sequer uma escuta ativa quando as pessoas decidem não continuar na organização.

Um outro fenómeno a que se tem vindo a assistir é a facilidade com que muitas empresas se baseiam neste sistema para fazerem a sua expansão, seja porque têm como objetivo ir além-fronteiras, seja para chegar a mercados em que é necessário entrar com um parceiro local. A opção de usarem o franchising como forma de diminuir a responsabilidade de custos fixos não pode permitir — antes pelo contrário — que as pessoas deixem de estar no foco da estratégia de crescimento, e o tema «pessoas» nunca pode ser deixado só ao cuidado do futuro franquiado. Este é um tema muitas vezes descurado e, num momento de escassez de profissionais, tem de ser devidamente valorizado.

Neste momento, a tão famosa «geração *millennial*» está a revolucionar os hábitos de consumo, a alterar a forma como a compra é realizada (MBWay, *online,* etc.), levando à mudança da ponderação dos fatores no binómio «ser-ter». A relação destas pessoas com o trabalho é de menor envolvimento em relação ao passado e os negócios sob o formato de franchising, desde o *master* ao franquiado, não podem, de modo algum, descurar estes sinais.

Os desafios que atualmente o franchising enfrenta, como a gestão de pessoas, permite-nos reforçar as seguintes ideias:
– É preciso atrair pela qualidade novos franchisados/talento;
– É crítico apostar no desenvolvimento dos franchisados – formar; treinar; confiar; delegar.

Isto irá permitir, consequentemente, processos de retenção genuínos que são a melhor forma de espalhar a marca/pessoas no mercado.

Perfil dos franchisados — Indicadores mais valorizados pelos franchisadores

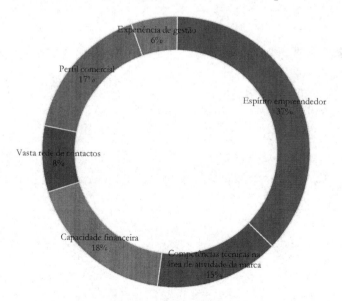

Fonte: 23.º Censo O *Franchising em Portugal* do Grupo IFE — Abilways.

De acordo com a International Faculty for Executives — IFE, estas são as principais informações solicitadas ao franchisado em Portugal:
- 22% Experiência profissional.
- 22% Dados financeiros.
- 14% Dados pessoais.
- 9% Formação.
- 6% Referências.
- 5% Disponibilidade de tempo.
- 5% Expetativas.
- 4% Conhecimento sobre franchising.
- 4% Dados do cônjuge.
- 4% Habilidades específicas.
- 2% Conhecedor da região do ponto de venda.
- 3% Outros.

Por outro lado, estas são as características predominantes dos bons franquiados:
- 18% Boa comunicação.
- 14% Trabalho em equipa.
- 10% Capacidade de desenvolvimento de pessoas.
- 10% Liderança.
- 10% Organização.
- 9% Negociação.
- 7% Flexibilidade.
- 7% Obediência às regras.
- 5% Outros.
- 4% Saber ouvir.
- 4% Criatividade.
- 2% Gestão de tempo.

EXERCÍCIO

O seu franchisado tem de ter especificidades próprias? Que características procura num franchisado? Enumere-as.

3.3.1 AS PERGUNTAS MAIS COMUNS DOS FRANCHISADOS

Angariar franchisados para o seu negócio pressupõe responder a perguntas. Muitas perguntas. Por muito descabidas ou surpreendentes que estas possam ser, o seu objetivo é fornecer respostas sérias, honestas e que tranquilizem (se for caso disso) o aspirante a franchisado.

Estar preparado e informado sobre todos os aspetos do negócio é fundamental para o bom desempenho do franchisador e irá conferir-lhe maior credibilidade perante o franchisado. Há que transmitir uma imagem de confiança, e essa imagem constrói-se através de ações, ou seja, respondendo com segurança às dúvidas que surgem do outro lado.

Se for apanhado desprevenido por uma questão à qual não sabe dar resposta, poderá sempre tentar contornar a situação, devolvendo a questão ao potencial franquiado (para que este tente chegar sozinho à solução, por exemplo). Mas, num cenário ideal, terá invariavelmente no seu portefólio respostas bem estudadas e pensadas, prontas a ser ditas.

O truque é ser capaz de responder até às indagações mais absurdas, sempre de modo profissional. A resposta perfeita a uma pergunta descabida — ou cuja resposta não domina — passa por remeter a solução para a rede.

Por exemplo, o potencial franquiado, embrenhado numa verdadeira teoria da conspiração, pode perguntar-lhe o que acontece caso a concorrência tente denegrir a sua marca através da utilização de falsos clientes — uma situação algo inverosímil para quem opera seriamente no mundo dos negócios. Todavia, a melhor opção é garantir ao empreendedor que a probabilidade de ocorrência deste tipo de casos é diminuta, e explicar que a rede, além de estar firmemente enraizada no mercado, dispõe ainda de um departamento de comunicação e de recursos legais capazes de a defender de ataques vis.

Dizer que a rede vai encontrar uma solução para o problema, seja ele qual for, não é mentira ou manobra de distração, é simplesmente verdade, pois no franchising tudo se resolve em conjunto.

Posto isto, estas são as perguntas mais comuns feitas pelos empreendedores aos franchisadores:

- **Quanto custa o franchising?** A transparência exige uma resposta clara e final, de forma que o franchisado perceba quanto terá de investir.
- **O que é que preciso de fazer?** Uma pergunta vaga e muito frequente, que deverá ser aprofundada.
- **Em quanto tempo vou obter o retorno do meu investimento?** Esta questão é geralmente colocada por investidores mais experientes ou confiantes.
- **Qual vai ser a minha área geográfica e vou ter concorrência nessa área?** Certas marcas já prometem estudos de mercado focados na zona do franchisado.
- **O que é que significa «chave-na-mão»?** Há quem ignore que um negócio chave-na-mão engloba tudo o que é necessário para o funcionamento de determinada empresa, incluindo, por exemplo, veículos automóveis.
- **Vão estar presentes na semana de abertura?** São cada vez mais os candidatos em busca de «companhia» ou de um sócio que os acompanhe na abertura da sua unidade.
- Finalmente, a pergunta mais ouvida: **Qual é a melhor franquia?** A melhor franquia não existe, é aquela com que se identifica, que lhe vai dar gosto trabalhar, e que é segura e bem assessorada.

3.3.2 FICHA DO FRANCHISADO

A ficha de candidatura é usada pelo franchisador no primeiro contacto com o potencial franchisado, ou seja, assim que este receber um *lead* — pedido de informação.

O franchisador ou responsável pela expansão dentro da rede, ao receber estes pedidos, deverá enviar o dossiê informativo da marca, assim como esta ficha, por forma a reunir mais informações sobre o franchisado. Este é um bom ponto de partida para perceber vários aspetos de uma futura parceria, desde a área geográfica em que o franchisado quer operar (e que até já pode estar pré-preenchida pelo franchisador), passando pela vertente de disponibilidade financeira do franchisado.

Nesta questão específica, ao avaliar a ficha de um candidato, o franchisador pode sugerir (se necessário) soluções de financiamento, visto que a maioria dos franchisadores dispõe de acordos com instituições bancárias para facilitar o acesso ao financiamento da parte da rede. De facto, são vários os bancos que já possuem soluções especialmente orientadas para o franchising, bastando para isso que o franchisador contacte o seu gestor de conta.

A ficha de candidato pode também ser útil em feiras de franchising, particularmente em casos de movimentação intensa no *stand* da marca. Os franchisadores ou responsáveis de expansão podem pedir aos interessados que preencham os seus dados de contacto, efetuando depois o devido acompanhamento de cada caso através de chamada telefónica ou *e-mail*.

Ficha de Candidatura

Dados Pessoais
Nome:_____
Morada:_____
Código Postal:_____ / _____
Localidade:_____Telefone: _____
Telemóvel:_____*E-mail*: _____
Data de Nascimento: _____

Dados Curriculares
Formação Académica: _____
Profissão atual: _____
Empresa: _____
Data de Entrada_____

Se possui experiência neste setor, especifique:
_____
Se já tiver sido empresário por conta própria, especifique:
_____

Local
Onde pretende abrir o seu negócio?_____
Já dispõe de local ou tem algum em vista? _____
Se sim, é próprio? _____
Área útil: _____ m²
Quais as suas expetativas em relação a este negócio?
_____
Pretende gerir pessoalmente este negócio?
_____

Dados Financeiros:
Montante de capitais próprios que dispõe para investir:
_____
Pretende ter sócios? _____

Outras Informações Relevantes: _____
Autorizo a verificação da informação contida nesta ficha

Data:____ / ____ / _____
Assinatura:_____

3.4 ÁREA GEOGRÁFICA

A atribuição de uma área geográfica é um dos pressupostos do franchising. Esta área encontra-se definida no contrato de franquia e é uma garantia para o franchisado de que não serão inauguradas outras unidades da rede nos seus limites. Todos os franchisados têm direito a uma área exclusiva, já que a marca ficaria a perder se houvesse concorrência entre as suas unidades em determinada região.

A atribuição desta área geográfica vai depender das negociações entre franchisador e franchisado. Há franchisadores que só concedem uma área geográfica por distrito. No entanto, como a definição desta área se encontra intrinsecamente ligada ao número de habitantes da zona, entre outros fatores, pode estabelecer-se por princípio que zonas com grande densidade populacional, como por exemplo, Lisboa, Porto ou Braga, têm capacidade para acolher mais do que um franchisado.

Existe também a possibilidade de o franchisado não ter uma área exclusiva, mas sim o direito de preferência sobre a zona (cidade). Este é um modelo adotado recentemente, mas que no futuro terá o maior número de adeptos, pois também «força» o franchisado a ter mais unidades ou a ser mais competitivo.

A escolha do número de áreas geográficas por zona vai depender ainda do tipo de negócio e de loja que quiser implementar. Produtos muito específicos ou exclusivos, que os clientes não encontram em mais lado nenhum, têm direito a áreas maiores, já que se pressupõe que o cliente se irá deslocar para os comprar.

Por outro lado, lojas muito caras, que constituem um enorme investimento, têm também uma zona de exclusividade maior. De resto, depende um pouco do que o franchisador estipular nos seus contratos, de acordo com o estudo de mercado que realizou.

Um bom franchisador deverá ter experiência suficiente para perceber quais as áreas mais indicadas para o seu negócio e se há densidade populacional e tráfego humano, por exemplo, para o alimentar.

Com o crescimento do comércio *online* — os portugueses gastaram 4,6 mil milhões de euros em compras *online* em 2017 —, poderia pensar-se que a questão da área geográfica passaria para segundo plano, mas tal não se verificou. Os franchisadores podem (e devem) assegurar o direito à exclusividade do franchisado ainda que a rede disponha de um *website* central. Se este funcionar no âmbito nacional, basta que a resposta dada às encomendas cumpra as normas da exclusividade. Por exemplo, se a empresa receber um pedido de Viseu, deverá ser o franchisado de Viseu — ou o segundo mais próximo — a assegurar a sua entrega. Esta é uma forma simples e honesta de garantir a exclusividade entre os seus franchisados.

Além da exclusividade geográfica, há ainda outra modalidade relacionada com a área que tem tido adesão entre alguns franchisadores: a preferência geográfica. É muito provável que este ponto se torne cada vez mais comum nos novos contratos de franchising.

Como o nome indica, a preferência consiste em dar prioridade a um franchisado em determinada área em caso de expansão de rede. Isto significa que o franchisado pode, por exemplo, selar em contrato a exclusividade de uma zona e a preferência por outra, caso a rede se amplie.

Esta é, aliás, uma prática que mostra respeito pelos franchisados e os incentiva a atingir um melhor desempenho. Se tiver um franchisado em Braga e pretender inaugurar outra unidade naquela zona, deverá conceder preferência ao franchisado existente, mantendo a harmonia na rede e a homogeneidade do serviço naquela região.

No entanto, a preferência tem de assumir uma postura secundária em relação à exclusividade — pense nela mais como um bónus de incentivo e não tanto como uma política em si. Afinal, é a exclusividade, e não a preferência, que está na base do franchising. Mais uma vez, não faz sentido canibalizar a sua própria rede colocando demasiados franchisados na mesma área.

Uma nota final relativamente à questão geográfica: não existe um número ideal, nem uma norma definitiva quanto ao número de unidades que cada franchisado poderá ter. No entanto, este valor não deverá ultrapassar as sete unidades por rede. Porquê? Porque com sete unidades o franchisado já tem peso suficiente para influenciar uma rede de média dimensão, abrangendo uma grande fatia dos clientes da marca. Não sendo necessariamente uma regra ou proibição, estes casos devem sempre ser seguidos de perto pelo franchisador para evitar conflitos ou problemas no futuro.

3.5 *MARKETING* E COMUNICAÇÃO INTEGRADA NA REDE

A taxa de publicidade paga todos os meses (ou noutra periodicidade) pelos franchisados ao franchisador tem como único objetivo suportar as campanhas publicitárias e de *marketing* que serão realizadas por este para promover a rede. É, por isso, imprescindível que o franchisador a utilize sensata e eficientemente, apostando em ações e eventos diferenciadores, que tragam mais clientes e notoriedade à rede.

Além das feiras de franchising, como a ExpoFranchise (o maior evento de franchising em Portugal), uma das melhores maneiras de divulgar a sua franquia é marcando presença em feiras específicas, dirigidas ao setor de negócio da sua marca. De forma muito simplista: se for um produtor de vinho, deverá ter um *stand* ou visitar feiras de vinho.

Esta é uma boa forma de chegar não só aos clientes finais, mas também a outras empresas e potenciais franchisados, e constitui uma excelente oportunidade para demonstrar as mais-valias do seu produto ou serviço no momento e no local.

Nos dias que correm, os eventos são essenciais para a vida económica das empresas. São cada vez mais sofisticados, funcionam quase como cartão de visita das empresas e são importantes até para fechar novos negócios. Um evento é um acontecimento que foge da rotina e que acompanha o homem ao longo do tempo. No entanto, nunca como agora se recorreu tanto a eventos, isto porque constituem uma ferramenta de *marketing* eficaz quando bem planeados e organizados.

Mas, mais importante que defini-los é entender as suas inúmeras aplicações e benefícios em prol das empresas. São um instrumento versátil que pode e deve ser utilizado por todas as organizações. Eventos criativos e significativos atraem normalmente a atenção das pessoas e da imprensa.

Um bom evento:
✓ Integra a empresa na comunidade.

✓ Eleva o moral do cliente interno.
✓ Atrai as atenções para novos clientes.

No fundo, são excelentes ferramentas de aproximação e interação entre as pessoas (*networking*).

Existem diversos tipos de eventos:

Eventos empresariais
- Feiras.
- Convenções de vendas.
- *Workshops*.
- Congressos.
- Seminários.
- Palestras.

Eventos culturais
- Festivais.
- Concertos.
- Exposições.

Eventos sociais
- Eventos de lazer direcionados para uma vertente humana e social.
- Angariação de fundos.
- Atribuição de donativos ou prémios.

Eventos desportivos
- Corridas.
- Caminhadas.
- Desportos como o golfe, ténis, futebol, etc.

Passando a outros modos de promoção tradicionais, poderá investir em campanhas publicitárias, recorrendo, se necessário, à ajuda de uma agência publicitária ou de meios, que o ajudará a elaborar e a escolher os meios de comunicação mais adequados à promoção da sua empresa e negócio.

Outra opção é pesquisar quais são os orgãos de comunicação social mais apropriados ao seu tipo de público e enviar comunicados de imprensa sobre a sua marca, conseguindo assim visibilidade mediática. Uma agência de comunicação poderá ficar responsável por esta tarefa, se não a quiser levar a cabo ou sentir que não tem as capacidades de comunicação necessárias.

3.5.1 CONSTRUIR UMA PRESENÇA *ONLINE*

Por muito utilizados que estes meios de promoção tradicionais ainda sejam, nos dias de hoje é difícil escapar ao apelo do digital. A Internet é omnipresente e representa uma das formas mais económicas de promover o seu negócio. De acordo com o relatório *Digital in 2018*, promovido pelas plataformas de serviços *online* Hootsuite e We Are Social, mais de metade da população mundial conta já com acesso à Internet. São mais de 4 mil milhões de pessoas ligadas à rede — 4,021 mil milhões, precisamente —, um aumento de 7% em relação a 2017.

Um dado especialmente curioso revelado pelo relatório é que a utilização de telemóveis supera a penetração da ligação à Internet e até das redes sociais. Os telemóveis são usados por 5,1 mil milhões de pessoas em todo o mundo, sendo que dessas, 2,9 mil milhões utilizam *smartphones*.

Em Portugal, mais de 7 milhões de Portugueses (cerca de 70% da população nacional) acedem à Internet, e, pela primeira vez, em 2018 o acesso à rede através do telemóvel superou o recurso a computadores. De acordo com o estudo *Bareme Internet*, realizado pela Marktest com base num inquérito a mais de 6 000 pessoas, a diferença foi de 57,9% para o acesso via *smartphone*, comparativamente a 55,2% via computador. Tendo em conta os números, é impossível esquecer o mercado *online,* independentemente do seu setor de negócio.

Sendo assim, que medidas deverá adotar para criar uma boa presença *online?*

- **Criar um *website***

Nenhuma marca atual pode escapar a este processo. De acordo com dados da empresa de reputação digital Bluesoft, 85% de toda a navegação na Internet em Portugal começa por este motor de busca, e 75% dos consumidores recorrem a pesquisas na Internet antes de adquirirem um produto. A construção de um *site* bonito, eficaz e conciso é, por isso, vital para um negócio de sucesso e para a criação de notoriedade da rede, o que ajuda a aumentar a credibilidade da empresa perante novos clientes.

Antes de criar a sua página, deve decidir quem é o seu público-alvo e o que quer comunicar. Quer vender produtos *online* ou o *site* vai servir apenas para dar a conhecer a sua marca? Defina concretamente este objetivo antes de traçar um plano de conteúdos. Estes, por sua vez, devem ser claros, informativos e resumidos. Na Internet, ninguém quer fazer *scroll* indefinidamente.

O essencial é uma apresentação da empresa e da sua história, um resumo dos produtos ou serviços vendidos, contactos, horário e localização, e ligações para as redes sociais da marca ou para o seu blogue, por exemplo. Este último é uma excelente forma de obter *engagement* e de criar uma verdadeira comunidade de clientes. Tudo isto deverá ser «embrulhado» num *design* limpo, sem demasiados floreados, e, acima de tudo, muito intuitivo. A ideia é que qualquer cliente perceba imediatamente o que é que a empresa faz e o que vende — assim, não se esqueça ainda da importância das boas imagens. Estas irão vender o produto ou serviço por si. No entanto, boas imagens não são sinónimo de imagens gigantes e pesadas, que só irão travar a abertura rápida do seu *site.*

Apesar de ser um aspeto muitas vezes menosprezado, os *sites* devem ainda ser testados em diferentes *browsers* e ambientes, já que estes podem apresentar ligeiras diferenças entre si, impossibilitando uma correta visualização. A construção de uma página deve ser sempre adaptada à utilização de *smartphones*, que apresentam um ecrã mais pequeno, por exemplo.

De um ponto de vista meramente informativo, a criação de um perfil no *Google My Business* — as caixas de informação que aparecem nas pesquisas do motor de busca *Google* com o nome de determinada empresa, horários, contactos e localização — e de uma página de *Facebook* complementam perfeitamente a criação do *site* (isto, claro, sem esquecer que as redes sociais apresentam uma dinâmica muito própria). Noutros negócios, a criação de uma aplicação ou *app* é tão ou mais relevante do que o próprio *website* e fazer mesmo parte do modelo de negócio — pense na *Uber*.

Muitas marcas de franchising, por uma questão de custos, optam por não ter um *site*, mas apenas uma página de *Facebook*. Curiosamente, são também cada vez mais os franchisadores que proíbem a criação de uma página individual por parte dos seus franchisados. Tal acontece não só por uma questão de homogeneidade da comunicação da rede, mas, sim, porque há um reconhecimento crescente das dificuldades e exigências provocadas pela gestão da imagem de uma marca nas redes sociais. Deste modo, alguns franchisadores preferem assumir esta função como parte da gestão da rede.

- **SEO e SEM**

Uma vez criada e testada, a página da sua empresa na Internet terá de ser promovida. E é aqui que entra o *marketing* digital e os conceitos de SEO (Search Engine Optimization ou Otimização para Motores de Busca) e SEM (Search Engine Marketing ou *Marketing* de Motores de Busca).

Enquanto a SEO consiste na dinamização da posição de um *website* nos resultados orgânicos da pesquisa, ou seja, a posição em que o seu site aparece quando efetua uma pesquisa, o SEM consiste num conjunto de estratégias pagas para tornar a sua página mais visível. Porque é que isto é tão importante? Segundo dados da *Google*, mais de 90% do tráfego de um *site* provém da sua localização na primeira página de resultados do motor de busca. A SEO acaba por ser uma ferramenta do SEM e é considerada uma das mais relevantes, já que não pode ser manipulada. Poderá pagar para a sua página aparecer perto dos resultados das pesquisas, sob a forma de anúncio, mas não para aparecer nas primeiras posições dos resultados do motor de busca.

Além disso, o SEO é gratuito e pode ser realizado pelo próprio empresário, por exemplo, nos conteúdos da sua página *online*. Na verdade, o SEO pode ser realizado na sua página através da inserção de palavras-chave no conteúdo, arquitetura e HTML (como o algoritmo da *Google* procura palavras-chave específicas e suas derivações semânticas, estas podem ser introduzidas no código HTML); ou então fora da página, através das redes sociais e hiperligações, por exemplo.

Quanto ao SEM, este é um processo que funciona por licitação, ou seja, os anunciantes escolhem as suas palavras-chave e definem o valor que irão gastar, licitando contra outros anunciantes para que a sua empresa apareça em detrimento de outras. As principais vantagens é que o empresário só paga quando o cliente carrega na hiperligação e obtém tráfego de qualidade. Uma das plataformas mais utilizadas para gerir este processo é o *Google AdWords*, mas existem outras, como a *Bing ads* ou *Yandex*.

Quanto mais alta for a licitação e a qualidade do anúncio (a *Google* não permite que se pague para colocar anúncios de fraca qualidade ou não relacionados no topo, estes têm de ter um bom desempenho a nível de cliques e ser relevantes), mais perto este ficará do topo.

Como em qualquer outra campanha de *marketing*, o anunciante tem de definir claramente o produto ou serviço que quer vender e o seu público-alvo (localização, idioma, tipo de perfil), escolhendo depois as melhores palavras-chave. Estas não devem ser demasiado genéricas, pois não irá ter grandes resultados. Será, sim, «engolido» pelas outras licitações. Outra recomendação é dividir o seu orçamento ao longo de várias campanhas pensadas no tempo. Estas podem aproveitar determinados períodos de maior procura, como o Natal, por exemplo.

CONCEITOS-CHAVE DE SEM

- Impressões: o número de vezes que o seu conteúdo foi exibido.
- Cliques: número de vezes que alguém visitou a sua página através do anúncio.
- CTR (*Click-Through Rate* ou Taxa de Cliques): taxa em percentagem que expressa o rácio a que os utilizadores estão a clicar no anúncio. Calcula-se dividindo o número total de cliques pelo número total de impressões. É uma ferramenta importante para medir o desempenho de uma campanha de *marketing* digital.
- CPC (*Cost per Click* ou Custo por Clique): o custo que o anunciante está a pagar por cada clique.

- *Marketing* por *e-mail*

As campanhas de *marketing* por *e-mail* são uma das formas mais diretas de contacto com os clientes e podem ser utilizadas com vários fins, desde o lançamento de produtos, passando pela promoção de campanhas de desconto ou até de conteúdos relacionados com a sua empresa.

Existem numerosas plataformas de *marketing* por *e-mail* disponíveis, sendo que uma das mais conhecidas é a *MailChimp*. Mas existem outras, como a *AWeber*, *Doppler* ou *Campaign Monitor*. Respeitando a nova política de dados, o comerciante pode obter os endereços eletrónicos dos seus clientes (através de inscrição em loja ou da subscrição de uma *newsletter* em troca de um desconto, por exemplo), enviando-lhe depois campanhas promocionais via endereço eletrónico. Se os clientes o tiverem permitido, o franchisador pode partilhar com os seus franchisados a sua base de dados e vice-versa, facilitando assim a comunicação integrada da rede e solidificando a notoriedade da marca.

A construção deste tipo de campanhas respeita muitas das regras já referidas anteriormente: um *design* atraente e limpo, conteúdo claro e bem escrito (sem gralhas, erros ou maiúsculas excessivas) e uma distribuição em forma de pirâmide invertida. Isto significa que o ponto de atração deve estar bem explícito no início do *e-mail*, ao passo que a chamada à ação (Clique! Compre!) deverá ficar no final do texto, através de hiperligação. Além disso, o assunto do *e-mail* tem de ser apelativo e não demasiado comercial, e este não deverá ser longo. O ideal é que o cliente faça o mínimo de *scroll* possível.

- **Redes sociais**

De acordo com um estudo realizado pela Marketest, intitulado *Os Portugueses e as Redes Sociais 2018,* a maioria dos Portugueses (54,3%) diz ser fã de marcas ou empresas nas redes sociais.

A gestão da presença de uma marca nas redes sociais é algo que não deve ser diminuído ou relegado para segundo plano. É importante não cair no erro de pensar que esta é uma tarefa secundária que pode ser executada por qualquer pessoa dentro da empresa. É absolutamente necessário ter um verdadeiro profissional, um conhecedor desta área, a lidar com os clientes nas redes sociais. A reputação *online* de uma marca não é fruto apenas daquilo que os seus responsáveis promovem. É o resultado das interações diárias com os clientes, das experiências destes com a marca e seus produtos ou serviços, e do tipo de relação que nasceu entre ambos. Um comentário em falso nas redes sociais pode ter um efeito devastador para toda a rede de franchising, afetando individualmente cada um dos franchisados da insígnia.

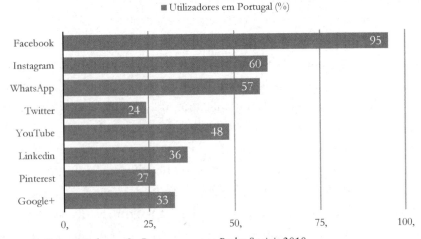

Fonte: Marktest, *Os Portugueses e as Redes Sociais 2018*

As empresas devem apostar nas redes sociais — no *Facebook*, se o seu produto ou serviço se dirigir a clientes finais; e no *LinkedIn*, caso a sua empresa venda produtos a outras empresas.

Um bom conselho para ganhar seguidores e criar uma verdadeira relação com os seus clientes — o tão falado *engagement* — é alternar conteúdos mais promocionais com outros, que, podendo estar diretamente relacionados com o seu negócio ou produto, não têm como objetivo claro vender algo. Podem ser estudos relacionados com o seu setor de atividade, eventos relevantes, ou até uma piada que capte o *zeitgest* ou uma situação mediática atual, desde que se relacione de forma pertinente com o seu negócio. Fora do franchising, a conta no *Twitter* do Cinema São Jorge, em Lisboa, é um belíssimo exemplo disto, fundindo imagens icónicas do cinema com um comentário da atualidade que tem conquistado muitos internautas.

Ainda nesta linha, embora as imagens de qualidade sejam fundamentais, poderá também incluir fotografias bem focadas e bem enquadradas de aspetos do dia a dia da empresa. O objetivo da utilização de imagens cuidadas — mas não necessariamente profissionais — é humanizar o seu negócio, aproximando-o dos seus clientes. Estas pequenas partilhas em tempo (quase) real fazem com que os compradores se identifiquem com a marca e dão a conhecer um pouco dos bastidores da rede.

Não descure ainda a sua presença no *Instagram*; com as pequenas alterações que têm sido inseridas na aplicação nos últimos tempos (e que permitem, por exemplo, exibir o preço dos produtos), o *Instagram* está a tornar-se numa montra cada vez melhor para a promoção de produtos, angariação de novos clientes e consolidação de parcerias.

A estratégia para as redes sociais deve ser séria, mas diferenciadora, aproveitando ao máximo o dia a dia da empresa para conquistar os clientes sem os «perseguir». Neste sentido, a realização de vídeos — especialmente para o *YouTube*, mas também para outras redes sociais — é uma ferramenta vital, já que aproxima os clientes da sua empresa. O vídeo terá de ter qualidade, mas o aspeto principal é a clareza da mensagem, que deverá ser inquestionável.

Se acredita que não tem capacidades para comunicar diretamente com os seus clientes, foque-se na produção de vídeos em que explica o objetivo da empresa e/ou os seus produtos/serviços aos seus funcionários, ou em eventos nos quais possa participar, como apresentações em feiras ou em escolas. Olhar para as pessoas com quem trabalha diariamente ou para pessoas que o consideram especialista na sua área (em vez de enfrentar diretamente a câmara) vai facilitar a concretização desta tarefa.

Outras das sugestões é organizar um «Dia do Cliente», com campanhas promocionais ou eventos de lançamento de produtos ou serviços — é um pequeno investimento que pode ter grande retorno em vendas e *engagement* da parte do público. Além disso, nunca subestime a apetência dos clientes portugueses por um bom passatempo — esta pode ser uma alternativa muito eficaz de angariar novos seguidores nas redes sociais.

Finalmente, não perca de vista o *marketing mix*. Este consiste num conjunto de variáveis que os empresários utilizam para gerar o desejo de consumo nos seus clientes. Existem quatro «P» determinantes para fomentar esta vontade de compra: *product, price, promotion and place*, ou seja, preço, produto, promoção e distribuição (habitualmente referido como «praça» pelos *marketeers* brasileiros).

Muitos empresários e franchisadores concentram-se apenas na parte da promoção, quando é fundamental ter um excelente produto a um bom preço e distribuído pelos canais certos. Antes de elaborar as suas campanhas de promoção em meios tradicionais ou redes sociais, tente limar as arestas das outras variáveis do *marketing mix*. No fundo, tudo se resume ao melhor produto, ao melhor preço, no sítio certo. Não há campanha de *marketing* que consiga colmatar falhas nestes aspetos. Na verdade, até pode, mas apenas temporariamente, quando ser dono de um negócio é uma corrida de fundo.

OS 10 ERROS MAIS COMETIDOS PELAS MARCAS NA SUA ESTRATÉGIA DIGITAL

1. Não ter uma estratégia digital realizada por profissionais do setor. Não a comunicar aos seus franchisados, nem estabelecer normas comuns de utilização das redes sociais.
2. Não saber quem é o público com quem está a comunicar – quer chegar aos seus franchisados, potenciais franchisados, clientes ou potenciais clientes?
3. Saturar o utilizador com informação irrelevante, não criando a ligação emocional à marca que é facilitada pelas redes sociais.
4. Utilizar todas as redes sociais da mesma forma, não respeitando as suas especificidades e diferentes públicos-alvo.
5. Criar conteúdo *online* pouco criativo, com erros ortográficos ou imagens de baixa resolução. Nada de vídeos virais com animais bebés ou conteúdo pouco profissional.
6. Não marcar presença no *Facebook* ou ignorar comentários dos clientes nesta plataforma. Não estar no *Facebook* é como não existir online.
7. Não ter um blogue. Esta é uma ferramenta de baixo custo, que atrai visitantes, gera interações e fideliza clientes. Não participar noutros blogues é outro erro, porque publicar noutros blogues permite o relacionamento com pessoas da área e ajuda ao bom *networking*.
8. Não analisar os resultados da sua presença *online*. Não faltam ferramentas e programas gratuitos que permitem medir as ações e acompanhar todas as etapas, da conversão até à venda.
9. Ter um *site* que não se consegue visualizar corretamente em telemóveis.
10. Não investir no *site* da empresa ou em mecanismos de otimização em motores de busca.

3.6 INTERNACIONALIZAR A SUA REDE

Depois de o seu negócio estar consolidado no seu país de origem, nada é mais legítimo para um franchisador do que começar a pensar na internacionalização da sua franquia. Em Portugal, a internacionalização de algumas redes de franchising foi a resposta encontrada pelas empresas para a estagnação em que o mercado nacional se encontrava depois da crise económica de 2008.

Os países em que o franchising está mais implantado e onde se registam mais franquias são os EUA e o Brasil. Curiosamente, as estatísticas apontam que é no México que mais se encontram franchisados. Nestes territórios, existem leis específicas para o franchising, como a COF, a Circular de Oferta de Franquia, presente no Brasil. Por outro lado, existem ainda associações que estudam cuidadosamente as franquias.

No Brasil em particular, há a Associação Brasileira de Franchising, que presta apoio jurídico e que penaliza os franchisadores sem ética ou quem não cumprem o que foi acordado contratualmente com os seus franquiados. No campo da formação, há ainda o SEBRAE, o Serviço Brasileiro de Apoio às Micro e Pequenas Empresas, uma entidade sem fins lucrativos, criada em 1972, que tem como meta promover o empreendedorismo no país através de ações de desenvolvimento económico, formação e competitividade de micro e pequenas empresas.

A vantagem destas associações é que qualquer pessoa pode contactá-las (em Espanha, por exemplo, existe a AEF, Associação Espanhola de Franquias) e pedir informações sobre determinada marca, sendo-lhe fornecida uma listagem completa, desde valores de investimento, Número de Identificação de Pessoa Coletiva, registo da marca, localização e até franchisados e ex-franchisados. Tal não acontece, infelizmente, com as associações existentes em Portugal.

Por este motivo, quando pensar em internacionalizar a sua marca, saiba que o primeiro passo é formalizar a sua franquia na devida associação. Esta irá ainda fornecer-lhe meios de publicidade, através do seu portal, por exemplo.

Antes de avançar para a internacionalização, estude bem o país para onde se quer expandir, os seus concorrentes e o quadro legal do território em questão. Só deverá apostar em determinado mercado se chegar à conclusão que tem diferencial competitivo.

Existem duas formas de entrar noutro país: a primeira é enviar para lá alguém que estude *in loco* o país, os seus hábitos, potenciais localizações para as unidades, entre outros aspetos, e que arranje um consultor que o possa ajudar a formatar o seu negócio, adaptando-o ao novo território. Muitas franquias acabam por não funcionar noutros países exatamente por causa desta falta de adaptação. Neste aspeto, as associações de franchising também lhe poderão ser úteis, visto que dispõem de uma lista de consultores e advogados especializados, cujos contactos lhe poderão fornecer.

De qualquer modo, consulte sempre um especialista em franquias, que o vai ajudar não só com a formatação da franquia, mas também com dicas vitais sobre, por exemplo, as feiras em que deve participar, os portais em que deve estar presente, as zonas geográficas preferenciais, e até com contactos de advogados que lhe possam redigir o contrato de franquia de acordo as leis do país para o qual se vai expandir.

A segunda forma de internacionalização é selecionar um *master* franchisador para esse país, que irá tomar conta da operação, sendo obrigatório subfranchisar a mesma. Para isso, é preciso encontrar um candidato com um perfil totalmente ideal, com capacidade financeira e que se mova bem no país.

RESUMO

Passo a passo da internacionalização:
- Decisão de internacionalizar — a sua empresa está pronta para atender a essas demandas?
- Depois, em que país começar? Onde acha que o seu produto/serviço vai ser uma mais-valia?
- Criação do plano de expansão — com base no país escolhido, defina as metas a alcançar; qual ou quais são os países que têm «espaço» para o seu produto/serviço, como será efetuada a adaptação da franquia ao novo país, quem serão os fornecedores locais (se for o caso), e claro, como irá realizar adaptação à legislação local.
- Por fim, há que desenvolver o plano de *marketing* para esse país (promoção da franquia), a estratégia de recursos humanos e realizar a abertura da unidade-piloto.

4
A PERSPETIVA DO FRANCHISADO

4.1 DIREITOS DO FRANCHISADO

Tal como o franchisador, o franchisado tem um conjunto de direitos e deveres que devem ser escrupulosamente cumpridos. Os direitos do franchisado vão ao encontro dos deveres do franchisador, isto é, ambos se complementam para atingirem um objetivo comum — o sucesso da franquia. Deste modo, nenhum dos pontos descritos no contrato de franchising deverá «chocar» qualquer das partes. É essencial que exista harmonia desde o primeiro dia desta parceria e a definição dos requisitos de cada um, com ou sem posterior negociação, é o primeiro passo para tal.

Assim sendo, tal como é obrigação do franchisador informar o franchisado sobre tudo o que envolva o negócio, é direito do franchisado saber todos os aspetos relevantes da empresa em que vai entrar. São mesmo *todos* os aspetos, desde o material que é cedido pelo franchisador como parte do investimento inicial, até à necessidade (ou não) de ter carro da empresa, por exemplo.

Olhando para o Brasil, país com maior historial e dimensão em franchising, constata-se que a lei existente é mais específica e salvaguarda ativamente os interesses dos potenciais franchisados e dos franchisadores sérios.

Infelizmente, em Portugal não existem leis dirigidas à regulação do franchising. Enquanto em território nacional se depende exclusivamente dos contratos de franchising para definir as regras desta relação comercial, a lei de franquias brasileira obriga o franchisador a apresentar ao franchisado uma Circular de Oferta de Franquia (COF) pelo menos dez dias antes da assinatura de qualquer contrato ou pré-contrato de franchising ou do pagamento de qualquer soma monetária ao franchisador ou a qualquer pessoa a ele relacionado.

Na COF, que deverá estar escrita em linguagem clara e acessível, está descrito o negócio em si, o historial do franchisador e de todas as empresas das quais este faz parte, balanços financeiros dos últimos dois anos (exercícios) de atividade, todas as questões judiciais pendentes em que o franchisador está envolvido e os valores monetários que o franchisado terá de pagar para entrar e permanecer na rede, bem como tudo o que o franchisador irá oferecer ao franchisado como parte do acordo, entre muitos outros dados.

Se a COF não for entregue com um mínimo de dez dias de antecedência, o contrato de franchising pode mesmo ser anulado, o que também poderá suceder caso o franchisador preste informações falsas na sua COF.

Esta é uma ferramenta legal da maior utilidade e o mercado nacional de franchising beneficiaria de legislação semelhante. O prazo mínimo de dez dias permite evitar muitos dissabores e decisões precipitadas, dando ao franchisado tempo para refletir sobre a sua escolha.

Já em Portugal, segundo o código deontológico do franchising, embora o franchisado não tenha acesso às contas do franchisador, tem direito a um estudo previsional do negócio para saber quanto irá ganhar e em quanto tempo irá recuperar o seu investimento.

Para desempenhar corretamente as suas funções, receberá ainda todos os manuais referentes ao negócio. Muitas franquias entregam apenas o manual operativo, o mais completo, que destrinça o dia a dia da empresa. Apesar disso, a entrega de outros manuais, essenciais para uma abordagem mais compreensiva do negócio e para facilitar o quotidiano do franchisado, é absolutamente indispensável.

4.2 DEVERES DO FRANCHISADO

Muito simplesmente, os deveres do franchisado são todos aqueles exigidos pelo franchisador, desde que o franchisado concorde. Estes deveres estarão, tal como os direitos, descritos no contrato de franchising assinado pelas duas partes. O primeiro mandamento a seguir é, obviamente, entregar os *royalties* e a taxa de publicidade, bem como outras obrigações acordadas, no dia estipulado. Este é o requisito mais determinante desta relação comercial.

No entanto, há outros deveres transversais a todos os franchisados, independentemente do setor em que operam. Um deles é o respeito pelo bom nome da marca, representando-a da melhor forma possível. Mesmo que a parceria não funcione, é importante preservar o bom nome da marca para não comprometer os restantes intervenientes.

Esta preservação da insígnia passa também pelo cumprimento integral das recomendações do franchisador. Neste sentido, não basta prestar um bom serviço aos seus clientes, é importante vestir realmente a camisola da empresa. Por exemplo, caso a rede disponha de uma central de compras, o franchisado só pode vender estes produtos e não outros, tal como está descrito nos manuais operativos. São estes pequenos passos que marcam a fronteira entre o sucesso ou insucesso da rede.

No fundo, a obrigação essencial, que resume os pontos acima enumerados, é respeitar o *know-how* do franchisador. Se este resolver, por exemplo, realizar auditorias (desde que previamente acordadas), o franchisado deve aceder. Afinal, a rede é uma extensão do negócio do franchisador, e este, mais do que ninguém, conseguirá perceber como o negócio está a correr e antecipar potenciais problemas. Apesar de alguns franchisados poderem encarar estas intervenções como uma intromissão, há que recordar que o franchisador está tão ou mais empenhado do que o franchisado no sucesso do negócio, pelo que as boas práticas entre ambos deverão ser mantidas a qualquer custo.

4.3 ONDE PROCURAR A FRANQUIA CERTA?

Procurar uma franquia séria e que se enquadre nas suas apetências pessoais e competências profissionais é o primeiro passo para ter um negócio próspero. Mas, que marca escolher? Onde procurar informação? Que cuidados deverá ter? Antes de iniciar uma pesquisa frenética na Internet, saiba que vai encontrar um universo numeroso de marcas em franchising — em 2017, eram 610 em Portugal, segundo o 23.º Censo do Franchising (o mais recente até à data de publicação deste livro), que é realizado anualmente pela IFE — International Faculty for Executives.

A maneira mais fácil de realizar uma busca superficial e de obter alguns contactos é através dos inúmeros portais de franchising existentes em Portugal. O InfoFranchising.pt, parte do grupo IFE, que também organiza as feiras de franchising ExpoFranchise e Porto Franchise, é um dos mais conhecidos, mas existem outros, como o ComprarFranchising.com, uma das plataformas mais inovadoras do mercado, com vários artigos, notícias relevantes e entrevistas a franchisadores.

Nestes endereços poderá pesquisar por marca ou setor, tendo acesso a dados gerais sobre o conceito das marcas em atividade em Portugal. Se depois pretender procurar mais informação sobre uma empresa específica e até perceber qual o seu nível de *engagement* com os clientes, basta visitar as suas redes sociais. Estas são um excelente ponto de partida para compreender quem são os clientes da marca, quais os seus produtos e serviços e de que forma é que esta comunica com os seus clientes e lida com os seus comentários.

Atualmente, as redes sociais servem também de barómetro para muitos potenciais franchisados, que acabam por ser atraídos por marcas que descobrem no *Facebook* e que anunciam várias aberturas para breve, dando-lhes a sensação (muitas vezes falsa) de que são seguras. Não se deixe cair nesta armadilha. As redes sociais são uma boa indicação da condição atual de uma firma, mas não substituem uma pesquisa extensa relativamente ao seu historial.

4.3.1 FEIRAS DE FRANCHISING

Depois de pesquisar nos portais e filtrar quais os conceitos de negócio mais atraentes, visitar uma feira de franchising pode ser o melhor ponto de partida para perscrutar o conceito de determinada marca.

A maior feira de franchising em Portugal continua a ser a ExpoFranchise, que em 2018 organizou a sua 23.ª edição. É organizada pela IFE, normalmente em junho. Esta entidade organiza ainda uma iniciativa semelhante no Porto, o Porto Franchise.

A Associação Portuguesa de Franchising tem organizado também alguns eventos nos últimos anos, como a primeira edição da Feira Internacional de Franchising de Lisboa, que decorreu em 2016, e a mais recente Feira de Empreendedorismo e Franchising de Lisboa, cuja primeira edição foi em 2017.

Estes eventos, além de reunirem um grande número de marcas/expositores, oferecem muitas vezes uma série de pequenas palestras ou *workshops* que são de grande utilidade para os empreendedores. São ainda uma excelente oportunidade para conhecer, cara a cara, o franchisador. Antes do fenómeno das redes sociais, as feiras de franchising constituíam mesmo uma das poucas oportunidades que os novos investidores tinham para conhecer o criador do seu negócio.

Hoje em dia, são uma oportunidade ideal para questionar o franchisador sobre todos os aspetos do negócios, sem vergonhas. Não assinar um contrato ou pré-contrato sem esclarecer todas as questões que possam surgir é determinante. É ainda válido duvidar da credibilidade de franchisadores que não forneçam valores previsionais. Questione a estratégia publicitária da marca, questione o número de vezes que o franchisador o irá visitar, questione quem vai ser o seu contacto de emergência quando o franchisador não estiver disponível — são as respostas a estas perguntas que lhe darão a confiança para investir.

Se possível, e isto pode acontecer ou não nas feiras, contacte ainda outros franchisados da marca. Geralmente, estes não têm pudores em falar e irão providenciar-lhe informação útil tanto sobre as vantagens, como sobre os desafios do negócio. O ideal é contactar mais do que um franchisado, de várias zonas do país, ou, pelo menos, de uma zona semelhante à que está a pensar entrar.

Este trabalho de casa em portais, redes sociais, feiras e através do contacto com outros investidores na marca deverá demorar pelo menos um mês. Deixe amadurecer a sua pesquisa, investigue várias marcas do mesmo setor, escolha um franchisador no qual confie e por quem sinta empatia — só depois é tempo de arriscar.

Do lado do franchisador, tão importante como prestar informações sobre a marca durante a feira e após a feira (num processo de *follow-up* dos contactos realizados), é o trabalho pré-feira. Esta é a altura em que os franchisadores têm de apostar fortemente em publicidade, preparar o evento e as suas apresentações, fazer convites a potenciais franchisados e usar vários meios para publicitar a sua presença na feira, incluindo redes sociais, *site*, comunicados de imprensa e contactos com todos os interessados na marca que requisitarem informações sobre a mesma. Esta é uma boa forma de retomar o contacto com potenciais candidatos a franchisados, e, quem sabe, reavivar o interesse das pessoas pela marca.

Por vezes, certos franchisadores queixam-se de que certos eventos não correm muito bem, mas este «muito bem» também depende, obviamente, das suas expectativas. Se há uns anos atrás, as pessoas pagavam 20 euros para entrar numa feira de franchising com a família e observarem, só por curiosidade, os negócios que se encontravam disponíveis, hoje as visitas são feitas já com uma ou duas marcas em mente. Mesmo que a entrada seja gratuita, o tempo é precioso, e por isso, os visitantes fazem a sua pré-seleção, anotam dúvidas e vão à procura de determinada marca para falarem diretamente com o franchisador. Este comportamento dos visitantes explica por que motivo é tão importante preparar e divulgar bem a sua presença numa feira de franchising. Não poupe em promoção e divulgue com a maior antecedência possível a presença da sua empresa neste tipo de eventos.

No caso das feiras realizadas pela IFE, esta entidade auxilia mesmo a sua promoção, já que realiza por hábito pequenas entrevistas às marcas que adjudicam os *stands*. Esta entrevista é depois colocada no portal InfoFranchising e enviada na *newsletter* semanal para a base de dados do grupo.

4.4 SER DONO DO SEU NEGÓCIO. PORQUÊ?

A nossa maior fraqueza reside na desistência. A forma mais segura de alcançar o sucesso é tentar sempre mais uma vez.
THOMAS EDISON

História memorável: num episódio do popular programa televisivo estado-unidense *Shark Tank,* um participante foi recusado pelos membros do painel de júris porque lhes pediu que investissem num restaurante que estaria encerrado aos fins de semana e feriados. Segundo aquele empreendedor, este tempo de descanso era exclusivamente para a família.

Serve este caso para lembrar que um dos principais mandamentos de quem pretende abrir o seu próprio negócio é que ter uma empresa não implica mais tempo livre. Qualquer empreendedor dirá o mesmo.

Há muitas razões que motivam os empreendedores a abrir um negócio — ser dono do seu tempo é uma delas —, mas este processo é praticamente incompatível com a fruição de mais tempo livre. Pelo menos numa fase inicial.

Antes de todos os processos entrarem nos eixos, ou seja, antes de o franchisado dominar com facilidade o dia a dia da empresa, é normal que tudo piore antes de, efetivamente, melhorar. É importante persistir e contratar uma boa equipa de profissionais competentes, como um bom contabilista, um advogado perspicaz e funcionários de confiança, que irão aliviar a pressão dos ombros do franchisado, de modo que este encontre o equilíbrio certo entre a vida profissional e pessoal. Este processo é também aplicável ao franchisador, que irá encontrar os mesmos desafios na administração quotidiana da rede.

Se gerir o seu tempo e pessoas é assim tão difícil, porque é que tanta gente opta por abrir o seu próprio negócio através do franchising? Segundo um estudo divulgado em 2016, 14% dos inquiridos resolveram trabalhar em franchising por causa da notoriedade da marca da qual fazem parte. Por outro lado, 10% fizeram essa opção para pertencer a uma rede de negócios e só 3% disseram que esta foi uma forma de criar o seu próprio emprego. O franchising tem, por isso, muito mercado a conquistar.

Seja qual for o seu motivo para empreender, deter um negócio próprio é altamente compensador. O franchising é sinónimo de emancipação económica e um pequeno risco pode trazer uma grande recompensa. Como diz a sabedoria popular, empreender não é arriscado, arriscado é passar uma vida a trabalhar por conta de outrem para depois depender da reforma concedida pela Segurança Social. Trabalhar no que se gosta e com autonomia é um privilégio tremendo e, grande parte das vezes, um sonho concretizável.

Para quem quer inovar e se sente preso no seu local de trabalho, para quem quer ser dono de si próprio e sentir maior segurança no trabalho, ou para quem quer, simplesmente, fugir de um meio altamente competitivo e evitar o risco de *burnout*, poucas soluções são melhores do que iniciar um negócio bem estruturado e por conta própria. A realização pessoal que advém de ultrapassar os obstáculos e a sensação de um dia olhar para trás e perceber que se fez uma marca no mundo é incomparável, muito além do retorno financeiro.

4.5 ANÁLISE SWOT PESSOAL

A análise SWOT (*strengths, weaknesses, opportunities, threats* — forças, fraquezas, oportunidades e ameaças) é uma ferramenta essencial para avaliar o potencial de qualquer negócio, mas pode também ser aplicada para medir as capacidades individuais de cada um.

Se a análise SWOT da empresa é, muitas vezes, parte integrante do plano de negócios porque obriga o empreendedor a olhar friamente tanto para a sua firma, como para o mercado, a matriz SWOT pessoal pode ser uma ferramenta útil de auto-conhecimento para o franchisado. As questões presentes em ambas chegam mesmo a convergir, mas o objetivo da análise SWOT pessoal é avaliar o líder e não tanto o projeto. Não é por isso de admirar que muitos *coaches* avaliem deste modo os seus clientes — de forma mais ou menos disfarçada — durante as suas sessões.

Porque é que o auto-conhecimento é tão importante para quem vai abrir um negócio? Porque um futuro empresário tem de se conhecer bem. Esta parece uma frase *cliché*, mas só com plena consciência dos seus pontos fortes e fracos é que o empresário vai conseguir averiguar certas necessidades pessoais que podem influenciar o dia a dia do negócio e compreender o seu estilo de gestão.

Conhecer-se em profundidade é fundamental para a tomada de decisões e para perceber que tipo de liderança exerce, se vai beneficiar (ou não) da companhia de um sócio ou se tem de, por exemplo, contratar um administrativo, já que não é produtivo nessas funções. Para uma análise mais neutra e completa, pode sempre pedir ajuda aos seus amigos e família, que lhe irão indicar, sem dúvida, características nas quais nunca tinha pensado. É importante que seja honesto — e não modesto — quando responder às questões.

EXERCÍCIO

Responda abaixo às seguintes perguntas para realizar a sua matriz SWOT pessoal.

Relativamente às **forças** e **fraquezas**:
- Como é que o meu percurso académico e profissional me distingue de outros empresários?
- Quais são os meus pontos fortes mais elogiados pelos outros?
- De que realizações tenho maior orgulho?
- Quais são os meus piores defeitos?
- Que tarefas não gosto de realizar?

Quanto às **oportunidades** e **ameaças**:
- Quais as tendências de mercado no setor em que opero?
- Há pessoas na minha rede de contactos que me podem ajudar?
- Que mercados estão a crescer?
- Há ferramentas que posso utilizar para potenciar o crescimento?
- Quem é a minha concorrência?
- Quais são os maiores desafios que estou a tentar ultrapassar neste momento?
- Há conhecimento ou ferramentas dos quais eu não disponho e cuja ausência está a atrasar a minha progressão?

4.6 VANTAGENS E DESVANTAGENS DO FRANCHISING

O franchising tem muito mais vantagens do que desvantagens, o que explica a rápida propagação mundial deste modelo de negócio. Contudo, realizando uma pequena análise SWOT ao franchising em si, facilmente se identificam também alguns pontos fracos. Quem quiser atuar no setor deverá fazer esta avaliação e ter presentes ambos os aspetos. Dominar a indústria em que se atua é praticamente obrigatório para evitar desilusões ou cair em falsas promessas.

Uma das principais vantagens do franchising é este ser um modelo de negócio já testado, cuja viabilidade foi comprovada e que acaba por ser mais duradouro — são vários os estudos que apontam que a grande maioria das empresas fecha nos primeiros três anos de atividade —, já que o empreendedor conta com o auxílio de uma rede. Este último aspeto é particularmente importante, porque liberta o franchisado da total responsabilidade pela inovação no seu negócio.

Apesar de os franchisados poderem contribuir com as suas ideias para a rede, é o franchisador que tem a seu cargo o lançamento de novos produtos, novas plataformas de trabalho e novas tecnologias. Mais uma vez, o franchising mostra a sua vertente libertadora.

A favor do franchisado está também a exclusividade geográfica, que lhe garante a ausência de concorrência, bem como a flexibilidade de conseguir exercer numa área na qual não tem experiência prévia.

Relativamente às desvantagens, não se esqueça de que irá ficar preso a um contrato durante alguns anos — normalmente cinco —, e de que irão sempre surgir divergências entre si e o franchisador. Novamente, tem de investir seriamente nesta parceria e cumprir o que lhe for requisitado como parte do seu contrato.

Por outro lado, estar «preso» a determinada zona geográfica é também uma desvantagem, já que, caso o seu negócio corra bem, será impedido de se expandir para outras áreas que tenham sido compradas por outros franchisados. Daí ser também tão importante a questão da preferência de zona, algo que deve ser cuidadosamente analisado e decidido antes de comprar o seu negócio.

4.7 PONTOS A SEREM NEGOCIADOS COM O FRANCHISADOR

O franchising assenta numa relação de parceria previamente definida e bem estabelecida entre duas partes. Assim, os termos desta relação deverão ser negociados antes da assinatura do contrato de franchising para evitar desilusões. Se o franchising é um casamento, esta negociação equivale a um acordo pré-nupcial.

Existem algumas questões que têm de ser obrigatoriamente discutidas antes de o franchisado se comprometer com qualquer marca, pois delas vai depender também o seu desempenho. O diálogo entre franchisador e franchisado é essencial, pelo que o franquiado terá de se sentir confortável para colocar todas as perguntas que lhe passem pela cabeça, por mais descabidas que possam parecer.

A questão dos pagamentos é, possivelmente, a mais premente. Enquanto base de toda a relação comercial, o valor e a data de pagamento dos direitos de entrada, *royalties* e taxa de publicidade, entre outros que possam ser acordados, deverá ficar completamente esclarecida e ser respeitada rigorosamente.

Acrescente a isto outras perguntas gerais sobre o negócio: foram feitos estudos? Como é que o negócio foi testado? Qual é o *background* profissional do franchisador? A partir destas questões, o franchisado irá receber respostas que poderão alavancar a negociação.

O segundo ponto que deve ser discutido é a área geográfica, porque, tal como a questão dos pagamentos, afeta o retorno que o franchisado vai obter com o negócio. Uma área geográfica exclusiva é a grande mais-valia do franchising, pelo que este é um ponto que tem de ficar assente na negociação.

Em terceiro lugar, o franchisado deverá discutir as garantias que lhe serão dadas, ou seja, estabelecer claramente a ajuda que o franchisador lhe vai dar ao longo do processo de abertura da sua unidade. Que materiais estão incluídos, que tipo de formação? O franchisador vai prestar-lhe também apoio jurídico, se necessário? Estes elementos constituem também parte do valor do modelo de negócio que o investidor vai comprar e têm de estar claramente definidos.

É ainda importante não esquecer as especificidades do negócio em questão. No caso de uma empresa do setor do comércio, há que tentar perceber qual é o valor mínimo de encomendas, por exemplo. Estas são feitas com que frequência? Qual é o prazo-limite para a sua realização? O que acontece caso surja algum imprevisto? Estar preparado e ter resposta pronta para os pequenos contratempos que possam surgir é a forma mais segura de arriscar num negócio próprio. O conceito de sucesso do franchising fará o resto.

5
O FUTURO DO FRANCHISING

5.1 NOVAS METODOLOGIAS

*A vida é como andar de bicicleta:
para manter o equilíbrio, é preciso continuar em movimento...*
Albert Einstein

À medida que se discutem cada vez mais as características de um bom empreendedor, chegam também ao franchising novas correntes de gestão. Estas focam-se noutros aspetos da formação que não os rigorosamente técnicos, ou seja, começa a perceber-se que as características pessoais de um empreendedor são tão importantes quanto as suas competências profissionais.

Paulo Moreira, criador da *Treino Inteligência Emocional*, líder no setor da consultoria e da formação em inteligência emocional no nosso País, acredita que as empresas e os empreendedores colhem vários benefícios deste treino específico, desde o aumento da produtividade e a redução do stresse e *burnout,* passando pela melhoria da tomada de decisões e aumento da satisfação com o trabalho.

A adoção deste tipo de ferramentas vai passar a fazer parte da realidade de muitas empresas no futuro e é particularmente útil para as redes de franchising, em que a relação interpessoal entre franchisador e franchisado tem de ser satisfatória em prol do sucesso do negócio.

No texto seguinte, Paulo Moreira, consultor, orador e formador de milhares de clientes particulares e institucionais na área da inteligência emocional, explica como é que a inteligência emocional pode afetar os empreendedores, nomeadamente na área do franchising.

A IMPORTÂNCIA DA INTELIGÊNCIA EMOCIONAL NO FRANCHISING

Ser empreendedor ou franchisador significa que irá lidar diariamente com situações incertas e com desafios imprevisíveis. O desconhecimento e incerteza sobre o futuro são, sem dúvida, fatores que travam muitas ideias, muitos projetos e muitos empreendedores.

Vamos tentar perceber um pouco melhor como é que a incerteza nos pode afetar e o que é que podemos fazer com isso.

Imagine que lhe eram propostas as seguintes opções:
1. Levar um choque elétrico daqui a dez minutos;
2. Não levar um choque elétrico;
3. Pode levar, ou não, um choque elétrico e não sabia quando lhe iriam dar o choque (caso levasse).

Qual das opções lhe gera mais desconforto?

Embora a primeira opção tenha 100% de hipóteses de acontecer, o que ninguém quer, ficamos mais desconfortáveis com a terceira opção. Não parece muito racional, pois temos menos hipóteses de receber um choque na terceira opção, mas, mesmo assim, é aquela de que gostamos menos.

Jeff Hawking, autor do livro *On Intelligence*, escreve que o nosso cérebro recebe padrões do mundo exterior, guarda-os sob a forma de memórias e faz previsões, combinando-os com aquilo que viu antes e com o que está a acontecer no momento. Isso significa que a previsão é uma das funções principais do cérebro. E, se a previsão é algo que o nosso cérebro faz recorrentemente, quando este não tem informação suficiente para prever, começamos então a sentir desconforto psicológico, e o medo entra em ação.

Um dos maiores receios dos franchisadores é o medo de falhar. O nosso cérebro fica mergulhado na incerteza e começa a sentir a probabilidade de falhar e de não conseguir alcançar os objetivos.

Gabriella Cacciotti, da Universidade de Warwick, fez um estudo sobre o medo e o empreendedorismo, e verificou que o medo é uma enorme barreira psicológica para os empreendedores. Estes têm uma tarefa herculana, a de lutarem diariamente contra o que o seu próprio cérebro quer — um futuro com certezas. Embora esta possa parecer uma batalha inglória, podemos utilizar estes mecanismos do nosso cérebro a nosso favor, se utilizarmos e desenvolvermos a nossa inteligência emocional.

A inteligência emocional é a capacidade de reconhecermos e gerirmos os nossos estados emocionais, bem como de entender os estados emocionais dos outros e conseguirmos relacionarmo-nos com as outras pessoas.

Esta área tem tido um crescimento imenso, dada a sua importância. O Fórum Económico Mundial, que reúne grandes líderes empresariais e políticos para discussão de temas de grande interesse para a sociedade, projetou as competências que consideram ser necessárias para prosperarmos na quarta revolução industrial, tendo colocado a inteligência emocional no *top dez* (6.º lugar).

E como é que podemos utilizar a inteligência emocional nesta situação? Vou indicar duas estratégias.

1. Entender a influência dos nossos estados emocionais

Um dos passos muito importantes é utilizar a nossa autoconsciência emocional. A autoconsciência foca-se em entender que estados emocionais estamos a sentir e que esses estados impactam o nosso processamento cognitivo. Por exemplo, imaginemos que um franchisador tem uma nova ideia e começa a ter dúvidas sobre o projeto e pensa que pode falhar. Se parar um momento e refletir sobre o seu estado emocional, provavelmente notará que está a sentir medo. O medo não é um traço, mas sim um estado temporário, e neste caso, possivelmente gerado pela incerteza.

Quando estamos com medo, o nosso cérebro foca-se nos nossos receios e tem maior dificuldade em analisar de forma racional a situação, ficando mais motivado a afastar-nos daquilo que nos assusta. No entanto, quando ganhamos consciência do que estamos a sentir e de que os nossos pensamentos não são «verdadeiros», mas antes gerados pelo nosso estado emocional, conseguimos ganhar uma maior clareza sobre o assunto e reduzir o receio que estamos a sentir. Ou seja, um empreendedor ou franchisador consegue mais facilmente entender que as ideias negativas que está a ter sobre o seu projeto não se devem ao projeto em si, mas ao seu medo. Com esta tomada de consciência, podemos dar passos mais objetivos e contornar este estado emocional. Se não o conseguirmos no momento, pelo menos entendemos que não estamos no melhor estado para analisar a situação, evitando tomar decisões precipitadas ou tirar ilações erradas.

2. Utilizar os nossos estados emocionais a nosso favor

Não existem boas ou más emoções. Todas as emoções têm uma função adaptativa, no entanto, podem-se tornar disfuncionais, caso não tenhamos consciência do impacto que estão a ter em nós. O medo não foge à exceção. Pode ser paralisante, mas também nos dá energia que podemos utilizar a nosso favor. Como o medo realça a distância entre onde estamos até onde queremos chegar, podemos utilizar esse fator para aumentar a nossa preparação. Podemos rever os planos, procurar mais informação e dividir o nosso plano em várias metas mais pequenas, reduzindo a incerteza. O medo consegue fazer-nos ver que existem coisas que faltam, recursos ausentes que precisamos de obter. Conseguimos, portanto, melhorar o nosso projeto e gerar mais ideias. Imagine que podia anular completamente o medo da sua vida. Se isso acontecesse, muitos dos seus planos iriam falhar, porque não se preparava minimamente, não tinha qualquer aversão ao risco e não refletia sobre os seus projetos.

O mundo está cheio de incerteza e o empreendedorismo aumenta essa mesma incerteza. Mas, embora o nosso cérebro não esteja programado para reagir bem a esta dúvida, não significa que isso seja negativo. Se utilizarmos a inteligência emocional a nosso favor, podemos utilizar essa forma de funcionamento do nosso cérebro de forma benéfica, conseguindo melhores resultados.

5.2 NOVAS TENDÊNCIAS

Nem sempre é fácil prever tendências no mundo dos negócios, uma vez que este depende de múltiplos fatores incontroláveis, mas qualquer empreendedor curioso consegue identificar certas correntes em afirmação.

Nos últimos anos, existem pelo menos três tendências que começaram a emergir consideravelmente no panorama do franchising mundial e nacional.

Uma delas é a o conceito de multifranquia, já mais ou menos comum no Brasil, e que consiste na compra de várias franquias por parte de um investidor. Assim, o negócio acaba por não ser uma marca em si, mas a gestão desta rede composta por diversos franchisings, com um portefólio de inúmeras marcas.

Em Portugal já existem pelo menos três empresas que realizam esta prática. Como o nome indica, são redes que criam marcas diversas em diferentes áreas, isto é, que não têm de estar interligadas. As multifranquias englobam marcas de diferentes setores e um responsável à frente de cada área. São uma excelente opção para os franchisadores, desde que estes dominem o negócio ou que façam parcerias/sociedade com alguém de cada um dos setores em que se envolverem. Cada empresa é juridicamente independente, mas, normalmente, pertencem ao mesmo grupo. Apesar de ainda não ser muito discutida, esta tendência vai rapidamente conquistar adeptos em Portugal, tal como aconteceu com o conceito de multifranchisados, já amplamente difundido. Esta ideia engloba franchisados que detêm unidades de várias redes de franchising.

O conceito de multifranquia é particularmente interessante para o franchisador porque lhe permite expandir a sua área de atuação. Portugal é um país relativamente pequeno e facilmente preenchido por diversos conceitos de negócios. Assim, existem duas opções de crescimento: internacionalizar ou criar novas franquias.

Além das multifranquias, existem ainda as microfranquias. Estas consistem em conceitos de franchising cujos direitos de entrada rondam os 5 000 euros, permitindo assim que o franquiado crie o seu próprio emprego, podendo mais tarde expandir-se para outras microfranquias (multifranquia) ou, então, adquirir outro franchising dentro do mesmo ramo, mas num patamar mais avançado (*upgrade*), com mais serviços, por exemplo.

De acordo com os censos do IFE, é fácil constatar que em Portugal os conceitos de baixo investimento (até 25 000 euros) são dominantes, representando 43,6% do mercado de franchising em 2017. Esta é uma tendência que já dura há alguns anos, mas que tem vindo a assumir novas vertentes. Durante a recessão económica, as microfranquias foram principalmente uma fonte de auto-emprego, mas hoje são mais uma ferramenta para a construção de uma multifranquia. Têm como vantagem o seu baixo custo, permitindo que o franchisado não se endivide, o que ajuda a rede a expandir o seu negócio com ainda maior rapidez. Na verdade, até já existem franquias que dividem o valor dos direitos de entrada em prestações, democratizando quase totalmente o investimento num negócio próprio.

A terceira tendência — já visível em certos conceitos de negócio — é a preferência por lojas *online* relativamente a lojas físicas e, simultaneamente, a entrada da tecnologia nas lojas físicas. Este é um movimento internacional, que se pode observar em algumas das maiores marcas do mundo, como a *Zara* ou a *Nike*.

No final de 2017, a insígnia espanhola, parte do grupo Inditex, anunciou a venda de 16 lojas físicas, duas delas em Portugal, garantindo que iria apostar no *e-commerce*. No ano seguinte, a *Zara* iniciou testes com aplicações de realidade aumentada e assistentes virtuais nos gabinetes de prova, um conceito híbrido que esteve mesmo em fase experimental em duas lojas portuguesas.

Por seu lado, a *Nike* lançou em 2018 o conceito Nike Live. Apresentada como uma operação-piloto que funde a experiência de uma loja digital com a de uma loja física, a unidade Nike by Melrose, em Los Angeles, disponibiliza os produtos da marca mais vendidos e utiliza a informação proveniente das compras *online* para adequar a oferta da loja às preferências dos clientes da zona em que a unidade se situa. Os compradores podem, por exemplo, utilizar a aplicação da marca para digitalizar os códigos de barras dos produtos e obter mais informações sobre os mesmos, incluindo os tamanhos disponíveis e a cores em *stock*.

Estes são dois exemplos de como as relações entre presença física e presença *online* poderão evoluir no futuro, uma tendência a que o franchising deverá estar atento. Vivemos num mundo cada vez mais digital e as vendas *online* vão continuar a aumentar. No entanto, será sempre necessária a existência de lojas físicas, nas quais os clientes possam interagir com a marca e desfrutar de uma experiência diferente daquela que têm na rede. É muito importante que estas duas formas de retalho — físico e *online* — se complementem e interliguem, como nos casos apontados.

Cabe ao franchisador definir a melhor estratégia para o seu negócio, decidindo em que elementos diferenciadores quer apostar para atrair clientes às suas unidades: tecnologia inovadora, atendimento, personalização do produto, aquisição de artigos exclusivos ou experimentação do produto, para enumerar alguns.

No futuro, os franchisadores devem preocupar-se mais com a experiência que proporcionam aos clientes que visitam as suas lojas físicas, e não apenas com as vendas. É importante que os clientes continuem a visitar as lojas para que os franchisados tenham vendas que justifiquem a abertura de unidades. Neste sentido, há que prestar atenção a fenómenos como os da «geração Y», que engloba os tão falados *millennials,* que escolhem na Internet, mas compram nas lojas.

Finalmente, e apenas no âmbito nacional, pode-se ainda falar de uma microtendência visível nos últimos anos — o crescimento da restauração em franchising, que já representa mais de 13% do mercado de franchising nacional.

O futuro do franchising vai, sem dúvida, passar por estas tendências ou até pela sua conjugação — pense em restaurantes em que o seu pedido é feito digitalmente, por exemplo.

Antecipar o que aí vem é uma vantagem importante para qualquer negócio, seja em franchising ou não, mas é especialmente relevante para quem gere uma rede de lojas.

A Associação Brasileira de Franchising (ABF) costuma anunciar as principais tendências do mercado de franquias nas suas feiras. Com base numa lista da ABF, mas adaptada ao mercado português, estas são as principais tendências do mundo do franchising para o próximo ano.

TENDÊNCIAS DE FRANCHISING PARA 2019

1. Restauração na área de comida saudável/macrobiótica.
2. Mini-supermercados só de comida alternativa.
3. Franquias de educação focadas nas tecnologias.
4. Franquias de concessão de crédito.
5. Franquias de reparações rápidas de telemóveis, computadores e outras tecnologias.
6. Franquias de serviços de saúde (desde apoio domiciliário à venda de artigos de saúde).
7. Franquias de serviços de painéis solares energéticos.
8. Franquias de venda de pequenas árvores de fruto e aromáticas.
9. Franquias de escolas de música.
10. Franquias de retiros rurais para relaxamento (que promovem práticas anti-stresse).
11. Franquias de ensino de robótica.
12. Franquias de turismo.

*A realidade é que «empreendedor» não é um cargo.
É o estado mental de alguém que deseja mudar o mundo.*
Guy Kawasaki

Bibliografia

AA.VV. (1996-2018) *O Franchising em Portugal*, International Faculty for Executives. Volume 1-23.

AA.VV. (2014), «Raymond Kroc Biography». www.biography.com. Disponível em https://www.biography.com/people/ray-kroc-9369349

Avi, Dan (2017), «How KFC Became A 'Finger Lickin' Good' Success Story Again», *Forbes*. Disponível em https://www.forbes.com/sites/avidan/2017/10/12/how-kfc-found-success-selling-its-chicken-by-channeling-the-real-most-interesting-man-in-the-world/#24280aa569e8

Bluesoft Digital Reputation Expertise: https://www.bluesoft.pt/blog/numeros-e-factos-do-uso-da-internet-em-portugal

British Library: https://www.bl.uk/people/albert-mehrabian

Ciriaco, Douglas (2018), «Mais de 4 bilhões de pessoas usam a internet ao redor do mundo», *TecMundo*. Disponível em https://www.tecmundo.com.br/internet/126654-4-bilhoes-pessoas-usam-internet-no-mundo.htm

Disc Profile: https://www.discprofile.com/what-is-disc/overview/

Feloni, Richard (2015), «KFC founder Colonel Sanders didn't achieve his remarkable rise to success until his 60s», *Business Insider*. Disponível em https://www.businessinsider.com/how-kfc-founder-colonel-sanders-achieved-success-in-his-60s-2015-6

Libava, Joel, «The History of Franchising As We Know It». www.bplans.com. Disponível em https://articles.bplans.com/the-history-of-franchising-as-we-know-it/

Lindon, Denis; Lendrevie, Jacques; Lévy, Julien; Dionísio, Pedro; Rodrigues, Joaquim Vicente; *MERCATOR XXI*, Lisboa: Publicações Dom Quixote, Lda., 2003.

Mario L. Herman: http://www.franchise-law.com/franchise-law-overview/a-brief-history-of-franchising.shtml

Mathieu, J., (1997). *Agency Theory Framework*. www.babson.edu. Disponível em http://www.babson.edu/entrep/fer/papers96/shane/shane3.htm

McDonald's: https://www.mcdonalds.com/us/en-us/about-us/our-history.html

Moreti, Rodrigo, «Teste DISC: Que estilo de profissional é você?». https://blog.runrun.it. Disponível em https://blog.runrun.it/teste-disc-que-estilo-de-profissional-e-voce/

Oxenfeldt A. e Kelly A. O. (1969), «Will Successful Franchise Systems Ultimately Become Wholly-Owned Chains?», *Journal of Retailing*, 44, n.º 4, 69-83.

Pipes, Kerry, «History of Franchising: Franchising in the Modern Age», *Franchising.com*. Disponível em

https://www.franchising.com/guides/history_of_franchising_part_two.html

http://www.sebrae.com.br/sites/PortalSebrae/artigos/a-circular-de-oferta-de-franquia,349df925817b3410VgnVCM2000003c74010aRCRD